客观思考的艺术

重构创新／创业／管理和领导新思维

[美]
伊丽莎白·桑顿
Elizabeth Thornton
著

THE OBJECTIVE LEADER

HOW TO LEVERAGE THE POWER OF SEEING THINGS AS THEY ARE

中国青年出版社
CHINA YOUTH PRESS
中青文传媒

图书在版编目(CIP)数据

客观思考的艺术：重构创新、创业、管理和领导新思维/（美）伊丽莎白·桑顿著；冷惠玲译.
—北京：中国青年出版社，2016.7
书名原文：THE OBJECTIVE LEADER
ISBN 978-7-5153-4088-3
Ⅰ.①客… Ⅱ.①伊… ②冷… Ⅲ.①企业管理－思维方法 Ⅳ.①F270
中国版本图书馆CIP数据核字（2016）第126045号

THE OBJECTIVE LEADER
By Elizabeth Thornton

客观思考的艺术：
重构创新、创业、管理和领导新思维

作　　者：〔美〕伊丽莎白·桑顿
译　　者：冷惠玲
选题编辑：胡莉萍
责任编辑：周　红
美术编辑：李　甦
出　　版：中国青年出版社
发　　行：北京中青文文化传媒有限公司
电　　话：010-65516873/65518035
公司网址：www.cyb.com.cn
购书网址：zqwts.tmall.com　www.diyijie.com
制　　作：中青文制作中心
印　　刷：三河市文通印刷包装有限公司
版　　次：2016年7月第1版
印　　次：2016年7月第1次印刷
开　　本：787×1092　1/16
字　　数：183千字
印　　张：15
京权图字：01-2015-7555
书　　号：ISBN 978-7-5153-4088-3
定　　价：39.00元

献给我卓越的家庭：
妈妈、爸爸、莱斯利、修和韦弗
他们塑造了我。

献给我最亲爱的朋友：
苏珊、凯拉什和莎伦
他们支持我一路走来。

最衷心地
献给我的老师，最值得信任的导师，
最强有力的倡导者：
达耶难陀瓦提
一路启发我学习、讲授客观性，与客观性共存！

|目　录|

CONTENTS

|前 言|

认识客观思考在商业环境中的价值

你是否有时对某种情况做出过度反应，有时把与自己无关的事联想到自己身上，或是有时误解了邮件的语气？这些情况都曾发生在我们身上。我们总是对所经历的事情做出主观反应。原因在于我们是通过感官认识一切——某个人、某种形势或某件事——我们瞬间将思维定式（即我们通过大脑镜头看世界的方式）投射到感官认知上，结果往往出现认知错误，也就是说我们的阐释、判断及反应都是错误的。这是人类和人类思维的本质。我们总是在评估我们的环境，但坦诚地说，我们得承认我们的评估常常出错。我们总是看不到事物的本来面目。这种主观性对我们生活的影响无处不在，尤其当你身居要职时，这种影响甚至可能是毁灭性的。

现代社会对决策者的要求比以往任何时候都高，这可以从大量的数据中得到证实。市场变化更加复杂且难以预测，但却期望企业领导者做出更好更快的决策，并迅速付诸实施。因此，当压力增大时，这些决策者往往借助以往经验和潜在假定，但这种做法不能充分施展其客观判断事物的能力，帮助其对变化及时做出客观反应，后果则影响重大：期限延误，投资不足错失市场良机，判断失误高估了与供应商的关系，商业模式未作及时调整以适应市场变化，战略联盟间相互妥协，失去客源，内部关系变得紧张，声誉面临考验，促销机会丧失等等。而且，在许多情况下，身体及生活也受到了损害。

如今，在任何组织中，有效领导力都不是主要依靠主观专业经验。优秀领导者与伟大领导者的区别在于必要时是否具有减少认知错误增加客观性的能力。客观性指的是不借助思维定式的投射而辨别和接受事物真相的能力，对生活中的人、形势、环境等做出理智、慎重及有效的反应。客观性也指我们在判断情况、做出决策以及采取行动时对潜在假定进行质疑的能力，以及理解他人观点、综合不同方面意见解决问题和做出决策的能力。

在本书中，我将与你分享我得之不易的知识，帮助你构建客观看待事物的能力，成为行业翘楚。具体而言，看完此书后，你对各种情况过度反应、主观看待事物、草率得出结论以及对他人做出不当判断的几率都会降低，它将帮助你更加准确地估量形势、更好地做出决策、拥有更好的战略眼光，建立更加有效的合作关系。帮助你区分什么是现实存在，什么是大脑臆想。一句话，本书将有助于打破妨碍你的无效思维定式，创建新的思维定式。

全书分为五个部分共十章。第一部分“客观性缺失的真实案例”，讲述了我因为缺乏客观性而损失了100万美元的商业失败经历，深刻地说明主观性的危害和客观性的必要。第二部分“客观思考与其他思维模式的关系”，探讨了主观性是生而俱有的驱动因素——思维定式、思想、恐惧、本能，如何对环境做出反应所产生的影响。主观性是我们的天性。为了避免我们常常做出过度反应、主观判断事物以及快速不公地对人做出判断等主观错误，这部分内容进一步阐明人具有从主观走向客观的学习能力，因为大脑具有可塑性，具有随着新信息的输入而改变的能力。同时还介绍了如何提高客观性及达到客观性的步骤和方法。

第三部分“掌握客观思考的流程与技巧”则指引你采取行动，告诉你如何确定和转变有限且无效的思维定式，帮助你的神经网络重新连通，在高压下和紧迫时作出正确决策。

第四部分“客观思考在商业环境中的应用”，以团队管理者为例，深入阐述建立包容环境、转变偏见、支持有效思维定式、作出正确决策的客观领导者商业思维新框架。

第五部分“有效的客观思考者的共同特性”，为创业者和管理者提供新的思维方式。揭穿成为企业家的神话，为客观评估企业家职业计划、平衡激情与客观性、从精要主义者成长为精要主义领导者，提供了系统的商业模式行动路线图。

书中附有“现实提示”、“经验教训”和“行动计划”版块，就关键问题提示思考，用真实案例反思检验效果，在行动中学习运用，并寻求答案。只有将知识与理解融为一体，才能让真正的转变客观发生。

本书教你学会和提高客观看待事物的能力，准确估量形势，客观反应，作出正确决策，成为行业翘楚。

要想从本书中最大程度受益，提高你的能力，转变你的人生，就要打开心扉，不断自我反思。阅读过程中，希望你边读边给自己提出以下问题：

我能否运用我的亲身经历对此加以验证？

我能否将此与我已有的知识、直接经验或所观察到的情况联系起来？

我损失了100万美元，虽然当时极为痛苦，但是经过深刻反思，我发现，它对我反倒是一件从未有过的好事。这件事曾让我迷失了方向，但经历过后，我学会了更加客观地看待自己和他人，更加客观地看待生活中的境遇和事件。现在的我，比以往任何时候都感到幸福，做事也更有效率。

以下就是发生在我身上的一切……

|第一部分|

客观性缺失的真实案例

PART 1：THE CASE FOR SEEING THINGS AS THEY ARE

CHAPTER 01

LACK OF OBJECTIVITY
COST ME A MILLION DOLLARS

·第一章·

缺乏客观思考能力，我付出了100万美元的代价

用“美国运通小姐”来形容那时的我非常恰当，而且我敢肯定自己做得不错。那是1986年，我28岁，担任美国运通公司销售部经理，负责管理15亿美元的财务收入以及8个州和6个直接下属部门的业务。美国运通公司选择了我，是因为我在纽约大学斯特恩商学院获得了高级管理人员工商管理硕士（MBA）学位。我赚了太多的钱，而且都不知道是怎么赚的，我有一部公司提供的专车和一套可以俯瞰整个曼哈顿的高档公寓，甚至还有服务人员专门为我购物，负责我的形象设计。

因为自信、年轻、聪明，又特别单纯，我离开了美国运通公司，搬到了离家较近的华盛顿特区工作。手里握着MBA文凭，以及一张可以当作好工作敲门砖的履历表，我当时确信自己能够轻而易举地在这座陌生的城市里开创新的职业生涯。然而，几个月过去了，我依然没有找到工作。当时华盛顿特区的

现实提示

我够客观吗？在正向思考、乐观精神与客观性方面进行权衡了吗？

失业率是11%，但我一直认为，我不属于那个群体。我决定成立一个名为“百事通公司”的销售和营销咨询公司。我那时确信能够立刻吸引客户。毕竟，我在美国运通公司接受过培训，而且我非常擅长销售和公关。

一周内我就成了总统就职委员会的行政助理

我期待的客户终究没有出现，因而我决定主动出击。当时各大新闻头条都是关于阿肯色州前州长竞选美国总统的消息。于是我决定前往总统就职委员会总部寻找机会。我走进大门，便主动介绍自己：“我是伊丽莎白·桑顿，MBA，请问我可以帮忙吗？”

一位特工，块头很大，手里握着一杆枪说：“坐在那里，跟那些志愿者一起，等会儿有人过来……还有，不要穿过那些玻璃门。”

我坐了下来，跟其他人打了个招呼，但是眼睛一直盯着那些玻璃门。我母亲总是告诉我，只要想做就没有做不成的事。她从未让我、我的兄弟姐妹或其他年轻人在我们想要的东西面前缩手缩脚。因此，等到那个大块头特工一转头的功夫，我冲过了那些禁止通行的玻璃门。然后装作那里的工作人员，与擦身而过的人打招呼。那天，我停在了另一道上面写着“总统就职委员会行政办公室，哈里·托马森主任、罗恩·布朗主任”的玻璃门前。我当时并不知道，哈里·托马森曾经是好莱坞的制片人，执导了《女设计师》等电视大片。而罗恩·布朗则于1996年同其他34人死于克罗地亚空难，当时他即将就任美国商务部秘书一职。

我向一位名为鲍比的夫人介绍了自己，她似乎与哈里是同事，她问我能否为她做点什么。她将我带到了她的办公室，给我找了点事情做，我现在记不得是什么事情了，我只记得我和鲍比很快就做完了，随后她把我介绍给了哈里，一周内我就成了克林顿总统1993年就职委员会主任的行政助理。当时我一心想要表现一下，我用了一个简单的Excel表格设计了一个应急系统，保障30多项就职活动全部顺利进行，该系统后来还在《48小时》电视节目中被报道了。

白宫的这些志愿工作在克林顿就职100天后结束了，我甚至推掉了在白宫西翼亚历克斯·赫尔曼手下做总统公关办公室助理的机会，因为薪水只有我在美国运通的三分之一，而我的责任主要是行政方面的。你想想看吧。

瞬间成了“果汁夫人”

在还不确定推掉了白宫的工作是否明智时，我开始为一家IT公司做市场顾问，同时也在寻找另一个头条新闻。我那时还是个小女孩，总想做点什么，一鸣惊人，可是在公司里，觉得和这个目标相去甚远。这时，一个关于纳尔逊·曼德拉的头条新闻吸引了我，这毫不奇怪。

1993年9月，我看了哥伦比亚广播公司的一个短片，标题是“种族隔离的结束”，他们宣布美国、加拿大以及其他国家解除了对南非的大部分制裁，欢迎南非回到国际社会。消除种族隔离的运动三年前就开始了，那时的南非总统是德克勒克，他宣布释放狱中关押的曼德拉，由此标志着种族隔离制度开始逐渐瓦解。种族隔离是由当时占南非人口7%—11%的南非荷兰后裔阿非利卡人倡导实行的，尽管这些荷兰后裔在南非占少数，但阿非利卡国家党在1948年却获得了国家政权，推行法律限制其他种族参与政府事务。不同种族被严格隔离。白人拥有更好的住房、教育、就业、交通和医疗保健，黑人没有选举权，也不能在政府中任职。1992年，一个只有白人参与的全民公决通过了一项议案，开启了改革进程，决定1994年4月27日在南非举行首次民主选

现实提示

搜索新闻标题可以作为确定与评估创业机遇的客观途径吗？

举，所有种族均有选举权，成立国家统一政府，选举纳尔逊 · 曼德拉为总统，德克勒克和塔博 · 姆贝基为副总统。

全世界的目光都集中在南非。美国许多公司都在考虑将业务拓展到那里，而南非有些公司正在调研，考虑将公司开到北美去，开创1964年以来的先例。作为一名非裔美国人，和当时许多人一样，我很兴奋，而接下来发生的事确实令人振奋。

1993年底，我哥哥同其他几百人一起开进了南非，寻找产品销路。他上班的公司把他和他的家人从芝加哥调到了南非的约翰内斯堡。我哥哥很注重健康，很少喝苏打水，喜欢果汁。他开始喜欢上了一种口感很好的南非果汁。由于与生俱来的企业家潜质，他顺藤摸瓜，约见了这家公司的国际销售经理彼得。

会面中，我哥哥告诉彼得："现在制裁解除了，你的这款果汁在北美会有很好的销路。我有个妹妹在美国，开了一家市场咨询公司，你见见她如何？"彼得同意了。显然，他们想确定几家小公司来探探市场情况，进而赢得新的市场。他们在其他64个国家采取了同样的做法，在美国也打算这样做。他们想先发货到波士顿的一家小公司，考察一下新英格兰市场；再往亚特兰大公司发货，探测一下芝加哥和亚特兰大市场。他们还给我发货，探索华盛顿特区、马里兰、弗吉尼亚和宾夕法尼亚的市场。

我哥哥打电话跟我说，南非果汁公司（SAFJC）刚给我发来240磅的果汁。我无法看到那些果汁究竟有多少，于是就问"240磅的果汁能装进我的车里吗？"

他说："不能，不大可能。"

不久后，我收到了巴尔的摩港口给我打来的电话，通知我有一货船果汁。

我租了一辆卡车，开到港口取货。我一看到那批货就感到恶心。果汁是装在一个个无菌盒里的（跟现在的牛奶包装盒很像），有些盒子在装运过程中破裂，虫子、苍蝇到处都是。另外，我也不认识包装上的商标，是用南非荷兰语写的，这是种族隔离期间南非的官方语言。唯一的英文是“Made in South Africa（南非产品）”。

我的好哥哥呀，我哭笑不得，费尽力气才把这240磅洒了一地的果汁装到我租的卡车上。

回到家后，我扔掉了包装破损的果汁，把完好的放进了冰柜里。第二天，我坐下来，开始品尝这些桃汁。哇，味道真不错！我又倒了一杯，心情格外畅快，窗外阳光明媚，此情此景美好得让你觉得不管做什么都能成功。我的大脑飞速运转，我在想，这个产品简直是好得让人难以置信，全美国都买不到这样的产品，我哥哥说的没错。突然，我灵光一现，竟然喊出了声：“我要把这果汁做大，我要拿到全美国市场的销售权，将税前利润的10%回报给南非，帮助曼德拉改造这个国家。”

那一刻，阳光灿烂，而我脑洞大开，决定成立一个中心，为刚从种族隔离枷锁下获得自由的黑人提供教育，用知识武装他们。近50年来，奉行种族隔离制度的南非政府隔离了生活区、教育、医疗、海滩以及其他公共服务，为黑人提供的各项服务都低白人一等。我想这就是我的机会，要帮助别人，给世界带来真正的影响。我要开始拯救南非，我自言自语道：“要是我能见到曼德拉，那就太开心了！”我不再是“美国运通小姐”，瞬间变成了“果汁夫人”，拥有了这样一个新的身份，很长时间以来第一次起得很早，并为此感到兴奋。我有种恍惚的感觉，那种感觉是我小时

现实提示

你看到这里的模式了吗？当你完全被你的工作或你所扮演的角色所占据的时候，你还能保持客观吗？

候发现自己可以帮助别人和帮助过别人之后才有的感觉。我现在有了新的目标，一个新的存在理由！

美国食品药品监督管理局那时刚刚实行1990年制定的营养成分标注和教育法案，要求所有产品在商标上标注营养构成。我当时决定，除非产品的质量和营养经过独立实验室测试，否则不予接触。我担心的是，即使这种果汁在64个国家中销售，也未必符合美国的食品安全标准。南非是否有食品药品监管局？我如何确定该产品的安全性？我借助我的优势联系到了白宫，白宫为我联系到了辛普森博士，他是美国食品药品监管局的高级官员，为我提供了全程指导。辛普森博士推荐了马里兰的一家独立实验室，又为我联系到了美国海关工作人员，帮我搞明白进口果汁到美国的要求，特别是进口到巴尔的摩港。

我的同事又为我安排了与驻美南非高级外交官的见面（以下称“外交官”），他是第一位获此职位的黑人。我告诉外交官我与SAFJC的关系，以及我要将10%的税前利润回报给南非的想法。他听后很感动，认为这样做可以为其他在南非从事业务的公司做个榜样。他说等事情进展到一定程度时，将帮助我在南非建立一个慈善信托公司，成立一个培训授权中心。

两个月后，我的公司百事通公司向SAFJC递交了一份建议，要求成为其在美国分销的咨询商。我的目标是通过为这家南非公司增加不可替代的价值而成为其选择的分销商。我的建议得到了采纳，1994年4月，我飞到了南非与国际市场部经理彼得见面。他安排我在开普敦一家漂亮的宾馆住下，带我四处游览。我们驱车去了旅游热门景点开普角，那里是印度洋和大西洋汇合之地。我们交流畅快，驱车的路上彼得讲他的旅游经历给我听，他负责64个国家的果汁销售业务。他看上去非常激动，因为这么多年他终于可以打进美国市场。他保证说他将尽一切可能帮我获得在美国的分销权。

> **现实提示**
>
> 如果你对自己所做的事情感到骄傲，你还能对它保持客观吗？

后来，在宾馆一起喝茶时，彼得与我签订了咨询协议，并保证提前电汇合同金额的50%。那一刻我们都很愉快。离开前，他又不厌其烦地去找大堂接待，为我安排了第二天去机场的交通工具。在回来的航班上，我一直在想，他人真好，又为我安排了那么好的住处。我觉得这传递了一个好的信号，一个可能发展成友好关系的信号。

我回到了美国，SAFJC的合同金额打到了我的账户，我立即开始了紧张的工作，着手进行美国食品药品监管局要求的果汁达标检测。我联系了辛普森博士为我推荐的那个实验室，进行生产线上24种不同口味所有产品的农药残留检测、微生物和原产地检测，以及维生素和矿物质含量的测量。整个过程大约持续了9个月的时间。期间，我对饮料行业进行了广泛分析，一是为了确定市场是否存在缺口；二是为了确定行业是否有利润空间，如果有利润空间的话，影响成功的主要因素有哪些；最后是确定产品如何保持竞争优势。

我了解到，这项业务显然是项艰巨的资本密集型业务。要在超市保证上架率面临着艰难的挑战，但该产品品种多（不仅仅是橙子、葡萄、苹果等），口味独特，100%纯果汁，可以满足消费市场的新兴健康理念需求。饮料行业对果汁的需求存在明显缺口，这个机会整体上对我非常有吸引力。（另外，我还要拯救南非呢。）

1995年1月初，实验室结果出来了。我给食品药品监管局的辛普森博士打电话，请他看看这些文件。他看了全部材料，包括实验室检测结果，所有产品的营养成分列表等，并口头认可了所有指标都达到了在美国分销的标准。我立即给SAFJC传真了一份列表。

我得承认，那时我对自己感到很骄傲。毕竟，之前对果汁一无所知的我竟然懂得了维生素消散率，懂得了每250毫升果汁中允许的细菌含量。一夜间，我变成了专家——名副其实的“果汁夫人”，我喜欢这个称呼。

产品论证：如何保证这款产品在8个店里卖出

在与食品药品监管局持续了9个月的文件确认过程中，我与彼得发展成了很亲近的关系。那时他来美国参加在纽约贾维茨会展中心举行的特色美食展，我们就安排了美国三位分销商在纽约会面。会面过程中，我交给了彼得一个完整文案——顶端带有红色题头以示其效力——一份测试结果的文件正本，以及一张24个样品营养含量的列表。他看后表达了赏识和认可，我非常高兴。他说多亏了百事通公司的努力，否则SAFJC无法在国际市场上这样受人追捧。很显然，我的策略和一切努力都在发挥作用。

1995年7月产品抵达巴尔的摩港，这是美国官方首次从南非进口SAFJC果汁。另两家美国分销商也是在同一月接到了产品，于是真正的竞赛开始了。我当时的理解是，SAFJC计划逐渐打进美国市场。SAFJC开始跟踪这三家美国最早的分销商在第一年的销售进展，然后再根据销售业绩决定跟其他州签订分销权。

我不确定其他分销商的动机，我的目标是与彼得、外交官及其家人搞好关系，稳定我的市场领导地位。在我成长过程中我母亲一直对我说，“最糟糕的事情之所以会发生是因为找不到解决办法，但是如果你不去尝试，就不可能找到解决办法。”我决心全力以赴。

我加足了马力。首先，把家变成了办公室；然后，用从市场咨询获得的收入很快建起了基础设施。虽然对饮料行业既不具备前期知识，也不具备前期经验，但我却惊奇地发现得到了许多人的帮助。我的计划是将果汁打进高端天然食品店，像大西洋中部地区的有机食品全食超市。我知道，如果这种迎合客户健康需求的高档商店出售这种果汁的话，我就能吸引更多的代理商，继而成为批发商、超市的供应商，最后获得主流销售地位。

现实提示

雇佣纽约模特进行店内促销展示是测试顾客对果汁反应的客观测试方法吗？

我给商场打电话约见马克，他是饮料购买商。马克很喜欢这款果汁，说要试试。他说让我周六在本地区8个店内搞宣传，提供试尝，如果产品卖得好的话，他就让他的26家店上货。

这对我来说是个不成则败的时刻。我得对产品进行论证。我需要证明顾客喜欢这款产品。我如何做才能保证这款产品在8个店里卖出？对于这个问题，我想了好几天，最终想出了个办法。1995年8月的那个周六，我没有雇佣普通志愿者来搞这次产品品尝活动，而是从纽约雇佣了身材火辣的男模和女模。8个店里，吸引人眼球的男女模特站在桌子后面，给顾客发放果汁试尝，鼓励顾客购买。说实话，我现在都对这种策略没有把握，但那时确实起了作用。

我们卖完了全部产品。我得到了果汁符合健康理念的证据，从此可以开展经营。我们的目标是高端天然食品店，我可以吸引投资者筹集资金了。

接下来的几个月里，我成功地找到了一个饮料代理商——那个地区最好的代理商，给他派了三个专家负责这款产品的市场开拓业务。饮料代理商一般都是帮助进口商和分销商在市场上建立和保持分销体系的专业公司。他们成了我的合作伙伴，教我如何做业务，告诉我要想在我的这4个州成功推出产品所需的集资额。在他们的帮助下，我制定了一个周全计划，一是在华盛顿特区外交官的办公室进行官方上市，二是在当地进行电视广告推销。我将计划发给了SAFJC，希望公司能够批准。我认为，实行计划前要先有承诺——跟公司签了5年在我这4个州进行分销的协议。那时我感到，我证明了自己的

现实提示

你曾有过揪心的时候吗？你知道那种心情意味着什么吗？要想增加你的客观性就要知道这种感觉，并且理解那种感觉意味着什么。

勇气。彼得立刻同意了我的5年独家分销协议和我的计划。

日期定在1996年1月31日。彼得同意飞到华盛顿特区参加这一上市活动，并计划提前到我的律师办公室签订分销协议。组织这样一个被外交官称为“解除制裁后美国上市的首个南非产品”的美国官方推广活动，我既感到骄傲又觉得很重要，这对我来说也是一次筹集资金的活动。

一切都进行得非常顺利。那时，我已经通过小企业协会（SBA）小企业贷款计划依据前期咨询公司收入贷到了10万美元创业资金。但是，除去存货的费用，在有机食品连锁店内的推广花费，再加上官方发布活动前的30秒广告费50%首期付款，我手里几乎没有现金了。

既然已经在26家有机食品店通过了健康概念食品市场检验，那么我的融资策略就是，邀请我能想到的所有人一起参与创造历史。白宫代表因戈尔·姆贝基计划（即美国—南非双边委员会）参与了进来。我的饮料代理和一个大超市分销商也要加入，他们又邀请了所有大超市连锁店购货商。如果我们将这些购货商的名号打在当地电视广告上并进行店内推广，这些购货商则将这些果汁再销到750家店铺。我知道我得筹集52.5万美金来支持这些店铺、进货以及负担接下来6个月的管理费用。我非常担心，无法消除心头的紧张，神经紧绷。

打开市场，大功告成

大功告成的这一天终于到了。我和彼得按照计划去了我的律师办公室，签了分销协议。我异常兴奋，心里的一块石头终于落了地。那一刻，我是唯一签了分销协议的代理商。我的策略成功了，显然，我已经成了地区市场领导者。

我们抵达外交官官邸准备发布上市产品时，揪着的心开始放松，我带着彼得上了二楼的发布现场。我递给他一杯红酒，让他先放松一下，然后就去请外交官，与外交官一同分享这个好消息。外交官在楼上的客房里。我自信地走上楼梯，胳膊下夹着的文件夹里放着刚签好的分销协议书。跟外交官一同坐下后，我把协议书递给了他。

他说："你做得太棒了，我会尽一切努力支持你，但你得小心谨慎。"我的心沉了下来，他这么说是认真的！我问他为什么这么说，他说一纸协议未必能保护我。种族隔离解除了，但是有些阿非利卡人还带有很大偏见，他们可能会成为很难缠的合作伙伴。

我那时想，他或许有些夸大了，我确信我能清除一切障碍。我自信对付这一切是老练的，我已经在成长的过程中经历了太多的偏见与困境。还在上四年级时，我就和我的双胞胎姐姐转入了费城郊区一家贵格会私立小学。那时有个学生说我姐姐是黑鬼，在学校引起了不小的风波。但这一切都过去了，我当过班里的班长以及学生会主席，一直到十年级毕业时，我和我姐姐彻底改变了那所学校，我们邀请了斯莫基·罗宾逊在我们的毕业典礼上演出。很显然，大家对黑人不再怀有偏见。

此后，不管走到哪，我都有这样一个思维定式，我只要足够有能力就能战胜偏见。20世纪80年代初我在美国运通时，这样的思维定式就起了作用。我当时约见了堪萨斯州威奇托市的一位银行家，电话里对方显然听不出我是黑人，但是我到了之后，那位银行家说："美国运通是何时开始雇佣黑人的？我不跟黑人打交道。"然后，保安就将我带出了那栋大楼。

从惊吓与打击中恢复平静后，我决定永远不把银行家对我所说和所做的一切告诉我的经理。我也没要求调离，以我的种族问题作为失败的借口。所以，我再次给那个银行家打了电话，谈话围绕着他的银行为何需要我的产品这一业务问题展开。我给出的理由让他难以拒绝，最后他同意见我一面了解一下产品。虽然每次见面他都拿我的种族问题开玩笑，但最后我还是拿到了他的业务，赚了1100万美元，并由此得到晋升，离开了堪萨斯州。

所以，我绝对相信，如果我能办成这件事——如果我能增加真正的价值——我就能够克服一切偏见。南非的事情还能糟糕到哪去吗？我想着过去是如何做成的：让他们觉得与我合作有利可图，他们就会与我在任何问题上达成一致。

再说，我现在怎么能放弃呢？楼下有美邦、希尔森·莱曼的朋友、同事以及一些高净值投资人，还有我最好的朋友泰德。我和泰德在乔治敦时都是带学徒的，他与其他带学徒的人不同，他特别认真。我上大学一年级时，他都大三了。两年时间里，他经常来看望我，为我出主意，是我的坚强后盾。尽管大学毕业后失去了联系，但后来听说他成了纽约一家大型投资银行的合伙经理人，他一直很信任我，所以我让他参与进来，为我把关，提出建议。更重要的一点是，我希望他能替我筹资。除了白宫，美国国务院和商务部也都非常支持美国和南非间建立紧密的业务关系。当然，还有有机食品连锁店的饮料部经理迈克、我的新代理人以及想成为销售商的那些人还在楼下品尝着南非的果汁。我的家人也都在，他们全程支持我。

现实提示

此刻你将怎么做？我有三种选择：（1）放弃目前所做的一切，因为担心接下来会遇到困难；（2）撤出，慢慢来，再做些调研，观望下一步的情况；（3）借势继续干下去。

我选择了继续干下去。我看清事态了吗？我够客观吗？

下楼前，外交官再一次保证说将全力以赴支持我，他说他为我所做的一切感到骄傲。

我们一同走到楼下，然后正式发布南非果汁进入美国市场的消息。整件事进行得非常顺利。

泰德对整个产品发布活动及我们已经建立的关系非常满意，他答应帮我筹资52.5万美元。因为有了外交官的支持，泰德开始为我召集对饮料行业有经验的高净值投资人为我筹资。他的计划是，如果某个饮料公司前总裁个人为百事通公司投资，泰德就和他的18个同事（也是纽约那家著名投资银行的合伙经理人）跟进投资。这些超级成功的牛人都是信誉非常好的投资人，他们的投资净值有100多万美元，年收入都在20多万美元左右。

我曾在一个会议室里看波士顿城市规划图时，认识了美国饮料公司前总裁。他尝了尝果汁，又听了我的讲解，然后将手伸进了衣服内兜，拿出了一张10万美元的支票递给我。我几乎从椅子上摔下来，我从未收到过数字后面有这么多个零的支票。得到这样一位了不起的人物的信任和支持，我真的倍感荣幸。更重要的是，他明显很信任泰德。

一切都有了头绪。整个宇宙都跟我站在了一起。很自然，这一切都证实了那天早上我第一次品尝那种桃汁时的远见。很快我就会为自己和那些好人赚一大笔钱，并帮助种族隔离解除后的南非人民。我又见了另外一些合作伙伴，筹集到了这次机会所需的52.5万美元。多亏了泰德，我们正式开始了运营。

关键问题初见端倪

这时的业务模式相对简单。百事通公司给SAFJC发书面订单传真，SAFJC公司10天内发回传真确认书。8周内SAFJC处理完我们的订单，其中包括6周的发货时间，这样我们可以在最低11个月的保质期内收到货物，给SAFJC付款的赊销期是90天。百事通公司在5天内处理完美国国内客户的订单。算上运输费、客户代理费，再加上仓储费（包括存货、分拣包装和短驳费），我们的毛利率是27%。

一切都进行得很顺利。我们的运行流程也都在掌控中。每周一，我都跟我的会计、操作人员和代理商一起吃早餐，商讨店铺货物处理速度、现有客户订单以及新客户的加入情况。每周我们的每个店铺要卖掉两箱半才能保持我们在主流连锁超市的上架地位，这是个严峻的考验。我们必须加快销售速度才能保证我们产品的上架率。

我们的重点是保持销量，代理商的重点是扩大销量。1996年5月，我们向SAFJC递交了一份建议，建议将果汁的销售扩大到26,000个店铺。这个时期我还继续做着美国国内的分销咨询，随时处理跟食品药品监管局和海关间出现的常规问题。我跟SAFJC之间的关系很紧密，这点可以从两方面看出来，一是我和彼得代表SAFJC参加津巴布韦的一次研讨会并在会上发言，另一个是我为美国和南非搭建了新的贸易关系。

第一次出现问题的迹象，是装船有些拖沓。我们花了一笔钱，采用压缩包装技术，对SAFJC发过来的在包装和喷码上出现问题的货进行重新包装，但我们的那些店铺只接受以特定方式包装的货。对此，我也接受了，将其看作正常的业务问题，可能也是因为我们当时刚开始有了一点盈利。

我们决定先履行我们的承诺，将税前利润的10%拨给南非。外交官听后，非常高兴，将我介绍给了他住在开普敦的哥哥。在他哥哥的帮助下，我们与南非的一个律师见了面，签了个慈善委托协议，并安排我们见了一个地产商，开始寻找进行培训授权的场所。

现实提示

如果你坚持自己的立场而不去考虑其他观点，你能够保持客观并与对方进行有效的合作吗？

与此同时，应彼得的要求，我和另

外两个美国分销商定期见面。彼此间的关系开始时真诚而互助，但随着时间的推移却越来越紧张。争论的焦点是产品营销问题。百事通公司根据饮料代理商的建议将果汁做成优质产品，商场促销中优惠有限。这一点上，我们一直没有统一意见，因此在产品促销上遵循了美国国内代理商的意见，采取了不同的做法。

现实提示

假如SAFJC这样的案例发生在今天，他们说不会伤害百事通公司，采信这样的话是客观理性的吗？我认为我跟我的供应商间关系紧密，这在当时是客观的吗？

突然，在一次会议上，来了两个新人，是加拿大一家进口公司的两个阿非利卡人。显然，他们在加拿大拥有独家代理权。SAFJC国际市场总监彼得希望我们能够合作，但这两位新人很明显不同意我们的营销战略。他们俩似乎跟SAFJC有长期业务往来，他们提到的人我从未听说过。因此，我开始怀疑我的领导地位，以及跟SAFJC公司之间的密切关系。让我高兴的是已经签了分销协议。但即使是这样，这些新人的出现也是个危险信号。他们很可能是外交官所说的棘手的生意伙伴。我的心一紧。

尽管出现了这些小干扰，到1996年6月时，我们已经拥有750家店铺。我们展开了30万美金的广告战，商场里也进行产品促销活动（常规促销，没有请纽约的模特），然而，另一个更大的潜在问题已经在其中酝酿。

订单要4—7个月才能到达美国，而协议里规定的是8周，结果是，收到货物后，保质期就只有七八个月了，我们要求保质期最低要达到11个月。还有一个问题让事情变得更加复杂，那就是，百事通公司需要足够的库存才能满足需要，因为我们拿不到销售数据来预测销售情况。为防止库存断货，我们要提前订足6个月的货，但这样的话，就不可能在90天里卖掉6个月的存货来完成付款。收支平衡分析显示，百事通公司每周每个店铺须卖掉5箱才能卖掉

6个月的库存，并在90天内完成付款。每周平均卖出的货是2.5箱，店铺里不能再增加存货，而这些又不足以在90天内完成付款。结果是，6月的时候，百事通公司欠了SAFJC22.5万美金，而当时没有现金可以支付了。

我不断地跟彼得联系，向他保证我们将筹集货款，但是装运延迟给我们带来了库存和现金流通的问题，导致我将所有的精力都用到想办法筹资上了。泰德代表其他投资人，给彼得打电话，询问SAFJC如何处理逾期余额问题。彼得通知泰德，百事通公司是SAFJC在美国销售业绩最好的分销商，占美国总销售额的75%，并且营销做得也最好，他们无意伤害我们。

被忽视的变化

泰德与彼得通电话之后，在不到一个月的时间里为我们筹集了7.5万美元的资金，我们立即付给了SAFJC。也是在此时，预测4至7个月才能按订单到货依然是个问题，我们向SAFJC提出了一个解决方案，来降低我们的风险。我们提出在美国东部设立一个分销中心的计划。我们发现了可做果酱的地方以及一个能在当地生产该产品的无菌包装商。这个发现将会给百事通公司及其他经销商带来益处。到7月，我们收到了对我们建议的积极回应，将我们的店铺扩大到2.6万个，并且我们又在三个州拿到了分销权。

8月，由于SAFJC的包装、喷码和运输不当，我们又新产生了重新包装费，幸好，各店铺的销售情况依然不错。

到了9月，我们的经销店铺从750个增加到了1200个，我们又给SAFJC发回了6万美元，同时我们也开始与小企业管理局商谈75万美金的融资贷款。这次，我们只欠SAFJC8万美金，订购产品的订单源源不断。我们觉得一切都会平安渡过的。

因为新增加了几个州的经销店，所以我们对增加销售额有一定把握，但对装运还是有些担心。我和泰德都跟外交官谈了谈，让他了解一下具体情况，外交官认为最好给他的SAFJC执行董事长朋友写封信。信中，他称我是个非常有天赋的非裔美国女商人，说他对我的整个计划感到由衷地骄傲，他将给南非总统致函，将这个计划作为美国和南非大中企业合作应对社会变革的典范。

对外交官写信一事我很感激，他用如此闪光的词句描述我，并且听起来让人感觉我的经营努力对新时代的南非如此重要，至此，我敢肯定百事通公司将为更多人所知。

1996年10月21日傍晚，我正往家里的地下室走，打算去洗衣服时，听到了一声滴滴声，是传真发出的声音，里面没有纸了。我找到一摞纸放了进去，出来了一封SAFJC的来信，上面说我的分销协议终止，因为没有及时付款，而且最后的一批订单也不再发货。

我跪了下来，我破产了！

第二天早上，很自然地，我首先给外交官打了电话。他惊呆了。他立即手写了个便条，传真给了那个执行董事长，表达了他的愤慨，说他们没有给我任何提醒，说SAFJC这样做是不当的，是违法的，说我将这个产品引进到美国是在他的支持之下，而SAFJC却跟其他前南非人签订了分销协议。他要求SAFJC坐下来跟我一起商量解决问题的办法。他说他们这样做令他失望，他们的行为“跟昨天的南非没有什么两样”。

外交官建议我飞到南非。他提前打了电话，安排我见南非新政府的部长们。我联系泰德告诉他刚发生的一切时，他非常生气，说SAFJC没有信守7月许下的不伤害百事通公司的承诺。泰德不想让我空手去南非，由他的投资人作担保，我们获得了初步批准，由费城一家银行行长签了75万美金的融资，这一切都有赖于跟SAFJC供应商的紧密关系。

带着1200多家店铺的销售记录，代表75%的美国市场，凭借支付货款能力，以及外交官为我打开的通道，10月29日，周二（正好是收到协议终止书一周后），我登上了去往南非的航班。我吓得要死，那时我知道成功在此一搏。整个19小时的飞行中，我满脑子不断出现一幕幕的场景，但是没有一幕让人高兴。

第二天是10月30号，星期三，我忙了一天。外交官给我安排的会议一个接一个。第一个会议，我见了南非政府的一个部长（相当于美国商务部秘书）和他的下属。我陈述了事情的原委和当前形势后，政府部长说："这跟你欠SAFJC的8万美金没有关系，这个问题出在旧的做事方式和新南非黑人政府上。"

我不太懂他的意思，但这位政府部长派了他的一个官员作代表会见了SAFJC，我感觉到他在帮我。他还授意一个特别顾问，帮我跟南非黑人所有的一家南非公司建立了联系。

第二个会议是去斯特兰德大学见埃德加，他是外交官的好朋友，曾是SAFJC前董事会成员，现在的顾问。我们一起吃了午饭。埃德加很热情也很坦诚，能够看出，他对所发生的一切非常气愤。他说SAFJC的行为令人不齿，他接下来所说的话我永远也忘不了："伊丽莎白，你知道，你在南非有两个名声。第一个，你是个有头脑的女商人；第二个，你是个婊子。"

我想了想，我认可第一种说法，但不理解自己为什么会被骂成婊子。"人们都知道你要建一个培训授权中心，"埃德加继续说，"而大家都不喜欢。"

在美国，大家对结束种族隔离都感到很兴奋，帮助和支持南非似乎理所应当，而且也并不困难。既然计划已经出炉，人们也才刚听到我的心愿，显然不能因为南非百姓的闲言碎语就止步不前。

快吃完午饭时，埃德加提出要帮我。他说他要参加我和SAFJC的会议，并表示到家后会给SAFJC董事长打电话，问问到底是怎么一回事。我们挥手告别时，他说：“要坚持，别放弃！”

现实提示

你担心时能够保持客观，做出正确判断吗？我当时担心的是什么？失去业务，失去名声，还是失去自己的信念？

当天晚些时候，外交官为我联系的法律顾问把我引荐给了南非新政府的一个高级官员——贾珂兰，她把我引荐给了一个南非律师。贾珂兰还说，她要代表政府最高官员给SAFJC董事长写封信，表达政府官员对此事的关注，并要求他们对其行为做出合理解释。

与此同时，我接到了一个好消息：50万的定期融资贷款批了下来。晚上上床时，我筋疲力尽，又饱受时差之苦。尽管那天找到了同盟，可还是忍不住担心。

第二天是10月31日，星期四，我见了南非的律师，他同意为我作代理律师，并陪同我参加了所有与SAFJC的会议。到目前为止，一切都好，我这样想着。回到宾馆时，发现外交官发来了封传真，是威勒姆发给他的信件的复印件，威勒姆是SAFJC的总经理，彼得的上司。信中说，他能够理解外交官的关注，并说希望11月5日周二见我，“尽全力解决该问题”。

传真上还有外交官手写的鼓励我的话，他说事情会向好的方向发展，要我坚持。他说的似乎有道理，自我来到开普敦后，我一直在坚持，而脑海里那种不祥的画面越来越少，不过，我还是很谨慎。

第二天，我收到了一封融资意向书的传真，这也是一封安慰函，发信人是小企业管理局局长。这封信来的正是时候，因为我跟SAFJC的见面时间安排在下周二，11月5日。

11月2日，埃德加打来电话，说他跟SAFJC的董事长谈过了，他说董事长

现实提示

你的大脑迅速转动会有很多想法，但唯一重要的是你的反应。我真正关心的是什么？这个时候我还有选择吗？

并不知晓发生的一切，但董事长解释说他理解“整个事件的政治引力”，同时对我见了政府部长感觉有些不悦，担心这件事会进一步升级，主要原因在于当时SAFJC跟它的工会刚进行了一场法庭诉讼大战。他让埃德加转告我，希望我可以理智一些。

听起来，我是处在一个有利的地位，因为公司目前所卷入的事情备受瞩目，经受不起再与我发生冲突。那天我还见了三个黑人商人，是政府部长办公室给我引荐的。他们都表示愿意与我一同参加周二的会议，同时，他们提醒了我几件事，特别提醒我不要说自己是个黑人女人。这一点我不明白，我也装不出我是其他的什么人。他们告诉我SAFJC工厂只雇佣“有色”人，所以阿非利卡人很难做到公开报道他们在跟一个黑人女人做生意，即使是来自美国的黑人女人也不行。（有色人是指那些具有混合种族遗传基因，处在种族隔离体制二级等级，比非洲黑人后裔高一个等级的人。）

揪起来的心现在是一阵撕扯的剧痛，在与彼得的交往中，我从未看出我不能说自己是个黑人女人，别人对我也一直很好。我的大脑开始运转起来，他们认为我是个婊子，我不能说自己是黑人，那我现在该怎么办？显然，对于目前所发生的一切，有许多不同意见，或许我真的是低估了这件事的社会政治因素。但事到如今，我已经没有退路，政府高官被卷入进来，SAFJC董事会也都知道了整件事情。他们至少对我保持了礼貌，不是吗？这一点毫无疑问。

那时我唯一能做的是参加早已安排好的会议。我准备好了所有的文件，订单发出时间的证据，还有能说明他们违约的合同，没有按照销售协议要求发货的提单。

我又给埃德加打了电话，他说SAFJC似乎很乐意解决问题，然而，他不建议我让政府部长办公室主任或那些黑人商人跟我一起参加会议，我也不该让贾珂兰代表政府高官发那封信。这是为什么？过去几天，我一直都在寻找同盟，而现在看起来一切都是徒劳。

埃德加解释说，SAFJC是个私人公司，不喜欢外人卷入。他提醒我说，谈判时不要涉及所得利益的高尚用途，而是要围绕着SAFJC对百事通公司的承诺以及他们没有按时发货这两点。

我还在消化这些信息时，埃德加补充道，他与SAFJC的董事长都不会参加这次会谈，原因是他和总经理威勒姆之间微妙的关系。我还没来得及提出问题，他就跟我说周二会再给我打电话询问情况，并迅速地挂断了电话。

事情显然发生了变化。我很失望。尽管过去的一周里我小心翼翼地建立起了支持团队，可现在看起来只剩下我自己了，我不明白这是为什么。

刚燃起的希望瞬息成恐惧

11月5日是个重大的日子。会上，代表SAFJC的有四个人：国际销售部经理彼得，总经理威勒姆，SAFJC董事会成员黑人托马斯和SAFJC律师阿伯拉罕。按照埃德加的建议，代表我的除了要跨洋通话的我在美国的律师，还有刚被任命不太了解情况的南非律师。

会议开始时，双方争议很大，但随着会议的进展，争执渐渐平息。我们的底线是SAFJC要跟百事通公司重新签订一个协议，采用信用证支付新规定（替代现在90天的赊账条款），并且遵照之前协议规定8周内到货。

我向他们通报了费城银行的信用证融资担保，呈上了银行行长的安慰函。他们很高兴看到我有能力偿还那笔巨额债款。我强调说，融资前景取决于与

现实提示

你的供应商应该为他们的生产问题给销售商带来的影响负责吗？我这样想问题是客观的吗？

SAFJC的约束性关系以及一封指定我作为他们美国分销商的信函。尽管SAFJC承认了自己的生产问题，但他们似乎永远不想承担由此对我业务上产生的影响。对于我来说，除了为重新包装费和产品保质期缩短向他们索赔外，我不欠他们任何款项。然而，对于他们来说，我欠他们的。

为了未来着想，我采纳了埃德加的建议，我提出SAFJC可以购买百事通公司股票，进一步发展双方的合作关系。托马斯和威勒姆对此似乎感兴趣，我很受鼓舞。他们指出，SAFJC正在考虑在美国成立销售中心。我递给威勒姆我1996年6月交给彼得的关于成立销售中心的提议。他很感兴趣，但让我吃惊的是，他说彼得从未把这个提议给他看过。

会议的结果是他们同意给我出具一封信函，说明SAFJC对百事通公司的承诺。我们又进一步达成一致：等事情完全解决后我再离开南非，即等签了协议、拿到信函和融资到位后我再回国。

会议结束时，我感觉有了希望。尽管他们还没有同意解决产品保质期缩短的问题，但他们已经同意与我继续进行商务往来。离开会议大楼时，托马斯告诉我他要去斯特兰德参加一个会议，我问他是否认识埃德加，他说："当然认识，埃德加在我们这里做了许多年的顾问。"

我告诉他上周三自己和埃德加一起共进午餐的事，托马斯看着我，大笑道："你联系的人之间存在着利益冲突。"

天啊，我想，我做的这一切原来都搅在了一起？紧绷的心要爆发了，刚燃起的希望瞬间变成了恐惧。

我们都同意两天后回来解决保质期缩短的索赔问题和补充新销售协议具体内容的问题。我往外走时，威勒姆把我拉到一边："伊丽莎白，我们本就没想过你能做好这件事，其他供应商对果汁这件事不会认真对待的。”

说实话，我不知如何回答，只好说道："谢谢，我真的相信这个果汁很棒，在美国会有很好的销路。”但内心里我在想，这是在恭维他们？或者对于他们来说我是他们想拔掉的一根刺？不然，为什么跟我签了5年的销售协议、与我合作在美国正式发布推销活动后，现在又认为我做不好了？显然，我无论如何也猜不到他们对我以及对在美国进行销售的想法。

周四早上，与SAFJC的第二场会议之前，我醒来时发现我的国内助手给我发了封传真，说她接到了一个美国分销商的电话，问百事通公司是否还在经营。显然，彼得给美国和加拿大的分销商们发了封备忘录，将百事通公司排除在外，我不明白这是怎么一回事，如果他们是在与我真诚协商的话，他们怎么能将我排除在外呢？或者只是无意间忽略掉了？

我赶到SAFJC会议时，情绪非常低落，但依然表现出友好的职业素养。这一次，代表SAFJC的只有总经理威勒姆和他们的律师，代表我的还是南非律师和我电话里的美国律师。SAFJC的代表看起来行为更加友好一些，但他们仅同意提供我对缩短保质期索赔的20%，我与他们谈判争取50%，然而，我主要关注的是立刻将货运到美国，避免库存放空。但他们说，只有付完款，并且新订单的信用证制作完成后才能发货。

我友好地表达了自己的担心：这样的谈判只是一边倒，他们只关心SAFJC拿到货款，通过信用证消除风险，而对于我库存没货无法应付客户订单，以及由于他们生产效率低增加大量存货运送成本所带来的风险的问题似乎没有任何规定。

现实提示

在这一点上，我清楚供应商的观点或立场吗？他们想要什么？他们的目标是什么？我看待这一问题时只以自己的观点作为出发点吗？

SAFJC给出的答案是，他们正在解

决生产问题，同时虽然认可我公司的效益，但他们认为，彼得没有采用信用证付款而是采用延长至90天的赊账条款存在潜在风险，说我利用了他。

我搞不明白这样的推理从何而来。我说出了那天早上我收到美国发来传真一事，问他们为什么只给其他分销商发备忘录，而将百事通公司排除在外。SAFJC律师听到这个消息很震惊，说他们将立即纠正。我的律师对他所谓的“严重行为”表达了担忧。

我们承诺第二天之前给SAFJC律师发一个修订销售协议，增加我要求的条款，会议休会。基于我的争取，SAFJC同意写一封支持百事通公司作为他们分销商的信函，以便我寄给联合银行获得融资贷款。

这个时候，我要进少量某几个口味的饮料，一个小集装箱就够了，第二天从南非装船发货。按照我下属的说法，我们眼看就不能完成我们最大的销售商的订单。我不知道要多久才能和SAFJC达成协议，顺利拿到融资贷款，装运货物。那个周四，我走出会议室时忧心忡忡，只愿一切都能圆满解决。

事情莫名停滞不前

然而，事情莫名就停滞不前了。SAFJC推迟了周五的会议，本来我们商量好要在那天讨论那些条款，而他们要给我开一封支持信函。我在开普敦等了10天，就为了与SAFJC再次回到谈判桌前。外交官也不知如何是好，建议我飞到约翰内斯堡去见见贾珂兰，她是高级政府官员的总法律顾问。既然无事可做，我于11月18日飞到了约翰内斯堡，跟她说一说这件事，让她看看是否还有其他法律程序可走。如果有的话，是否有可能让外交官和其他南非新政府成员帮我作证。然而，结果是，因为合同是依据南非法律制定的，供应商又是南非公司，外交官和其他部长们作为南非的雇员，不能作为证人与自己的国家作对。

我感到很伤心，我滞留南非已有一月之久，等待拿到新的销售协议，而现在，很明显，SAFJC不想与我伊丽莎白·桑顿，那个所谓的果汁夫人做生意，因为她是黑人，又不是黑人，她所做的一切超乎预期，甚至被某些人称为婊子。我不太确定，但我感到加拿大的阿非利卡人公司一定有什么事情在发生。

接下来的一周是感恩节。我的签证要到期了，我得离开这个国家，回家清算我的库存。我唯一的目标是从SAFJC拿到一纸协议，证明我是个分销商，这样至少我还可以继续做下去。我有雇员，还有其他需要履行的义务。心不再揪紧，我已经麻木了。

最后，11月29日，我终于见到了SAFJC代表，他们递给我一份协议，其中一个条款说我可以继续做他们的分销商，直到他们采纳新的供应方案或分销方案，在加拿大指定一个供应或销售中心辐射整个美国市场为止。

读到这个部分时，我生气了。一定是哪里出了问题，我不理解到底发生了什么。我拿着文件，说我会让我的律师看看。几天后，我给外交官打电话说了这件事，他也气愤不已，他说他们在耍花招，在粉饰什么，让我别签协议。

这时我真不知所措了。12月3日，我签了那份协议，这样我就可以回到美国，继续支付员工一段时间的工资，清理一下债务。我想回家了。离开前，我给托马斯——SAFJC董事会黑人成员打了电话，谢谢他对我的帮助。从他那儿，我得知了谈判莫名拖延了6周的原因。

11月18日，我在约翰内斯堡见贾珂兰的时候，SAFJC总经理威勒姆会见了其他代理商，包括加拿大的阿非利卡公司。显然，将百事通公司排除在外，发给其他分销商的备忘录要求分销商11月8日飞往开普敦开会，会上SAFJC通知加拿大的阿非利卡公司作为中心销售商，接管北美所有分销业务。我故作镇定，感谢托马斯如此坦诚，但心就像是被猛刺了一下。一切都结束了！

直击真相，关停失败的生意

12月5日，我终于飞回美国，开始清算库存，当务之急是照顾我的员工。值得庆幸的是，我在南非时，对每一次会议和谈话都作了详细的记录，并隔一天传真给外交官。

我开始了新一轮的奔波，这一次再没有果汁的陪伴。我约见每一位经销商、代理商和债权人，原原本本地叙述了一下事情的经过，告诉他们是谁在一直支持我们，又是谁让我们失去了一切。令我吃惊而又感激的是，所有债权人都免除了我的债务，甚至包括广告代理商。大家都说他们看到了我所做的努力，看到了短期内我所取得的成绩，而且今天的后果也是我无法控制的。这让我灰暗的心里重现了一丝光明。

会见泰德——我最好的朋友和出色的投资人时，我将整件事的记录拿给他看。生气和失望的同时，他认为整件事从一开始就受到了操纵。

他鼓励我重燃勇气继续向前，并说他会跟其他投资人沟通。对我来说这是最困难的对话，因为泰德将他的名声和在这个行业的所有关系都押到了我身上。我向他承诺，虽然不知道什么时候以什么方式，但我会想方设法偿还他和其他投资人的投资本钱。

每一次谈话都是令人伤感而艰难的。我独自回到家中，终于彻底醒悟了。我不计任何风险，想拯救南非却最终失去了一切——我在纽约的公寓，我的存款和组合证券，我破产了。为了凑够路费去费城见一见另一个哥哥，我甚至趴到沙发后面找零钱。会面后他给了我300美元，让我至少可以加满油去买日常用品。每一天，我都在一遍遍地回忆，到底是什么地方出了问题。不久后，有人从泰德·科佩尔办公室打来电话，说他们想把我在南非的经历改编成一个故事。虽然我跟他们见了面，但自尊是不允许我这样做的。我不想接受他们赋予我的新身份：在南非失去一切的女人。我还在生气，还在找寻答案。我的内心片刻不得安宁。

可是多想无益，我不得不接受现实，这一切真的结束了。我的心情低落到了谷底，完全打不起精神来。我不再是我自认为的那个人——那个意气风发的果汁夫人，那个风风火火的营销咨询公司CEO，那么，我是谁呢？

那一天，我走出家门，漫无目的地四处闲逛，心里想着：我的世界走到了尽头，而外面的世界却丝毫没有改变。我真的很不理解。如果地上有条缝，我宁愿钻进去躲起来，任谁也找不到我。

我如何知道不会再次失败

连着几个月我一场接一场地看电影，猛吃爆米花和香草冰激凌，不让自己空出脑子想任何事情，直到厌倦了这种状态。我找了份工作，重新开始生活，重新在这个世界发挥作用。但我依旧不停地追问自己：我在那么年轻的时候不仅从未失败过，还取得了相当大的成就，怎么会突如其来地遭遇如此严重的崩溃和挫败？为什么之前没有预见到这样的后果呢？要是当时我换种做法，结局是不是就完全不一样了？有句老话叫“愈挫愈勇”，我问自己：如何保证我从此更加强大？我如何知道不会再次失败？反思了好几个月，我意识到其实我经常遭遇事业停顿，尽管还没有达到极端情况。我说的停顿，指的是事情看似一帆风顺时，却会莫名变得不顺畅。这一次惨痛的经历让我迫切地想得到答案。搞不清楚个中原委，我就极有可能再重蹈覆辙，甚至跌得更重。

接下来的几年里，我一直在寻找答案：不光是如何损失那100万美金了，而是更深入的自我追问：不考虑我所做的工作或担当的角色的话，我是谁？我从心理学入手，研究人在什么时候如何发展自我形象。然后再转向社会学，了解到社会规范和道德准则是经过时间才建立和加强起来并得到回报的。我研究了西方哲学家，如康德、笛卡尔、洛克、柏拉图和亚里士多德，想了解观念和现实的哲学基础。我又花了数年时间研究东方哲学，深入研究印度圣典《薄伽梵歌》和《奥义书》，想了解自我本质以及我与其他人及世界之间的关系。接下来，我转而研究神经科学，想了解思想和大脑的活动原理。最后，我研读了量子物理学，知道了关于认知、物质和现实的最新研究成果。我思考和综合这些观点的时候注意到，我一直出现停顿现象，并最终毁灭的原因是我的主观倾向。这个问题跟我在业务中做不做决定关系不大，而跟我如何勾画我的世界相关——那些驱使我的观念和驱使我对人、事及情况做出回应的潜在假定。我明白了，要想快乐、高效和成功，就要跟我固有的主观倾向做斗争，不断锻炼客观倾向。简单地说，就是要看到事物的本质。

有了这样新的理解后，我很清楚，如果我想有不一样的反应，我就得改变我对自己、他人和世界的认识。我开始重新评估我对自己的假定，发现我为自己勾画出的世界对我没有多大帮助。年轻时我认为那些正确的事情对我来说不再正确，而这些假定还在引导我的行为。我发现我的许多想法和信念根植于不安、恐惧和自我怀疑，这些信念遮蔽了我看待事物的角度和对我所经历事情的解读。我透过恐惧的大脑镜头看待世界不仅仅造成了在生意上的失败，而且消极地影响了我与生活中其他人的互动。

我最终懂得我对世界的经验实际上是在大脑里的。我曾决心要拯救南非、决心做“果汁夫人”，如今我以更大的决心来改变我用来看待世界和对世界做出反应的大脑镜头。我知道我的快乐和成功依赖于我具有客观倾向的能力，能够看到事物本质并接受事物的能力。经历了实实在在痛苦的思考之后，我重新思考我的那些基于恐惧和不安的信念。过了一段时间，我能够重新建立起自我概念，这样就不再像原来那样依赖别人的认可。我开始重新定义我自己，也重新定义我跟一切事和一切人的关系。我还开始重新评估如何评价我自己，这样，我的自我价值就不再像原先那样跟我的工作、我的头衔或我所担当的角色连在一起。我开始对我自己而不是对我做了什么进行评价和品鉴，由此，一路走来，我的人际关系显露出良好的趋势。很长时间以来，我第一次感到快乐和无畏。

重新跨上马鞍

稳扎稳打地重新站了起来，再加上拥有创业的大量经历，特别是知道了哪些事情不能做，我开始寻找新的机会，要与以前有所不同。2006年秋天，连续21年在美国新闻与世界报道排行榜排名第一的全美培养企业家的最好学校——巴布森商学院——雇我给研究生、本科生和行政教育项目讲授创业课程。在巴布森商学院，我第一次公开分享我损失100万的经历。对于失败的经营，我从我的经历中学到的比从传统的商学院研究案例中学到的要多。

2008年，在巴布森商学院许多同事的鼓励和支持下，我将我的研究和学习所得编辑成册，开设了创业选修课，课程名称是"客观性原则"。这门课现在是巴布森商学院最受欢迎的一门选修课。除此之外，我现在还通过巴布森行政教育项目参与联合培训项目，给高级管理团队讲授客观性如何成为有效领导力的核心能力。此书就是在这门课程的基础上成形的。

我现在的目标是与你分享我所学到的客观看待事物的能力。一开始，请记住要以开阔的视野，接纳你所读到的一切。你要不断反思。我保证，此书能够启发你改变你生活中分析问题的方式……你没有必要经历一次像损失100万美金这样的弯路。

| 第二部分 |

客观思考与其他思维模式的关系

PART 2：YOU CAN'T BE MAD AT YOUR MIND

CHAPTER 02
UNDERSTANDING
SUBJECTIVITY

·第二章·
了解主观性——思维的本质

很显然，缺乏客观性能够导致严重后果。现在回过头来看我所做的，很容易看出，如果当时我能够更客观一点的话，损失就不会这么惨重，受影响的人也不会那么多，而且我也有可能快速地解决问题，恢复经营。我必须正面审视这件事带来的主要教训，以及因为没有进行客观应对而错过的机会。我们分析形势、做出决策、采取行动，希望取得预期成果。我们所取得的成果是由我们所采取的行动决定的。我们所采取的行动是由我们所做的决策决定的。我们所做的决策是依据我们对形势所做的判断。领导者面临的挑战是通过我们思维定式的镜头观察和应对我们所经历的一切，这都是很自然的事。这些思维定式植根于我们观察世界和认识事物规律的观点、假定和偏见。我们碰到一个人、一种情况或一件事时，会立即启动思维定式，这些思维定式基于我们的背景、经历和恐惧。最终结果是，我们经常错误地观察、判断和应对人、形势或事件，我们最终没有获得我们想要的结果。我们评估形势、做出决策以及采取有效行动的能力，与我们保持客观的能力是直接相关的，这种客观能力就是观察事物的本质，并做出应对。所以，我们取得成绩的能力可以用来衡量领导力的有效性。

事实是，我们固有的主观性每一天都影响我们生活方方面面的有效性。我最近对主观性做了一个定量和定性分析研究。有趣的是，我发现对人、形势或事件，人们往往做出过度反应，这与年龄无关（而且，男人与女人的表现看起来也没有什么两样）。事实上，整理的数据显示，89.1%的受访者说每个月至少有一次过度反应，21.9%的人承认每个月做出过度反应的次数是2~3次，23.4%的人过度反应的次数是每周一次，14.1%的人说每周2~3次，6.3%的人说每天一次。有时我们能自行纠正这些过度反应，但有时不能，这就造成了损失。

你过度反应的频率是多少

你过度反应的频率是多少？提高客观性的第一步是你要如实反思你在何种情况下、多长时间内有一次不够客观。为启发你的思考，这里有一个工作中由于过度反应而失去控制的极端例子。你把自己想象成吉姆吧。

> 吉姆在他的新工作岗位上工作了6个月。他一直认真努力。大家都认为他属于优秀员工梯队。每天早上7:45，吉姆的上司司各特走过吉姆办公桌旁时，总是兴高采烈地喊一声“早上好，吉姆。”但是有一天，司各特从吉姆办公桌旁走过时，什么也没说只是点了点头。
>
> 吉姆的脑子开始转了起来，他在想：
>
> 我听说好像要裁员。司各特的上司可能告诉他要裁减员

工。我来到公司才6个月，我获得终身职位的机会最少，所以司各特要裁员的话我是不二之选。他没有跟我打招呼，因为他觉得很为难。我马上就要下岗了，这就意味着不能给我儿子买新玩具了，也不能给我太太买新衣服了，我不能供养他们的话，他们就要离开我，现在我就要无家可归了。

这些不断升级的负面想法的结果是，吉姆越来越忧虑，他跑进司各特办公室，脱口而出："马上要裁员了吗？名单上有我吗？"司各特大笑，摇了摇头说："你在说什么呢？别紧张，没有人说要裁员。"

吉姆对上司的低调问候所做的反应是一种主观反应。他的结论没有依据，是一种过度反应。如果他更多看清形势的话，他从一开始就应该看到事实：好几个月以来每天早上7点左右，司各特从他办公桌旁走过时总是兴高采烈地跟他打招呼。今天，司各特走过吉姆办公桌旁时没有打招呼。句号。故事结束。

相反，吉姆是通过恐惧和不安的镜头对情势做出评估，这使得他做出了错误的观察、解读和反应。他的恐惧缺乏理性？不是，确实不是。尽管经济向好的方向发展，但是许多人依然担心失业。恐惧使他采用行动，简单地认为问题出在其上司身上。他甚至都没有想想对这种情况是否有其他的估计和应对方法。后来吉姆了解到，他上司20岁的女儿刚刚出了车祸受伤了，司各特满脑子都是这件事而没有像平日那样兴高采烈地跟他打招呼。遗憾的是，这件事之后，司各特认为吉姆容易冲动、反复无常、心胸狭窄。吉姆的声誉受到了影响。

研究还表明，我们经常从个人角度看待事物，而且往往做出自卫反应，这样容易让我们忽略形势的真实性。我们问参加短训班的学员他们从个人角度出发看待事物的频率。结果是，92.2%的人说每月至少一次，21.9%的人说每月2~3次，12.5%的人说每周一次，23.4%的人说每周2~3次，12.5%的人说每天一次。你的频率是多少？这种情况经常发生在工作中还是发生在家里？

下面让我们再看一个主观性的极端例子，看看从个人角度看待事物会对我们个人关系产生怎样的影响。

帕特里夏和萨姆一起约会有4个月了，一切进行得都非常顺利，他们俩的共同点很多，简直是天生的一对。每天早上8点左右，萨姆在去上班的路上，都会给帕特里夏打电话，祝她一天愉快并且告诉她他爱她。“开心快乐，宝贝！我爱你”成了每天早上的第一句问候。一天早上，萨姆在上班的路上没有给帕特里夏打电话，已经9点了，帕特里夏还没有接到萨姆的电话，自然地就担心起来，她担心萨姆是不是出了什么事，出车祸了，还是其他什么更糟的事。最后，大约9:30左右，萨姆给帕特里夏打来了电话，抱歉说没有早点打电话。听起来，他的声音有些疏远，他说过会儿再打过来。帕特里夏非常难过，她不自觉地开始胡思乱想：

萨姆没有说“我爱你”，很显然，他在跟别人会面。我在这儿担心他是否在路上受伤了，而他却因为昨晚见了别人呆得太晚今天上班迟到了。我觉得他不在乎我了，很可能跟那个人相爱了，而现在只是担心伤了我的心。他知道我多么在乎他，所以他不想上班时告诉我，担心我知道后会很伤心。我觉得我应该给他打电话，告诉他放手好了，而且告诉他，

> 我觉得我们应该开始跟别人约会。
>
> 她给他打了电话，而且突然提出跟他分手。

这件事的经过是这样的，萨姆没有在8点打电话，等最终打电话时，又没有说我爱你。就这么简单。帕特里夏将她过去的经历投射到了当下情境中，大脑里臆想了他没有打电话的痛苦理由，她因为跟一个男人交往而现在这个男人抛弃了她而感到绝望，因此，她看待事情都源自她过去的经历。实际情况是，萨姆在上班路上车胎爆了，他觉得告诉帕特里夏车胎爆了很难为情。她由于主观臆想失去了可能会发展起来的一段好姻缘。

你能够联想起类似的情形吧？曾经做过这样的事吗？

遗憾的是，我们固有的主观性不仅给我们个人的工作和家庭带来了影响，也给其他人带来了影响。尽管我们能够想到政治家会有某种程度的主观倾向，但一定想不到促使政府关门的事件都是由于主观泛滥造成的。危机开始时，一小部分共和党人不能够接受现实，即社会保障法案已经国会参众两院通过，在2012年大选中被宣布，并得到最高法院的采纳，将于2013年10月1日开始生效。我们都见证了这一切。那一刻，一些人因为不想让事情发生，大脑跳过了理性思维环节，而强行设想了另外一种现实。这一小部分共和党人决定关闭政府，逼迫民主党人修改社会保障法案。当然，它不会有结果的。这个鲁莽行为来自自身，但许多人的生活由此受到了负面影响，而后果也无法改变。

关键问题是我们经常不能够客观地看待事物。我们对现实的看法经常受到过去的经验经历、思维定式和预测期待的扭曲。我们如何才能成为有效领导者，如何做出正确判断以及如何采取有效的执行力？

我够客观吗

真正的问题是：存在真正的客观性吗？几个世纪以来哲学家们都在辩论主客观性的认识论基础。认识论是哲学的一个分支，研究知识和真理的本质。认识论者探索如下问题：知识是什么？何为某人知道某事？知识都有基础吗？世界上有绝对的事吗？我们了解事情是通过理智，还是通过直接观察，抑或两者都有？观察者与被观察者之间，知晓与被知晓之间都有怎样的关系？

伟大的思想家洛克、康德、笛卡尔、亚里士多德和柏拉图都曾对到底是否存在客观现实进行过辩论。他们区分了主观存在（依赖思维）与客观存在（不依赖思维）。例如，康德宣称经验世界是由我们的思维构建的，他说我们是通过思维认识真理，即真理出现在世界的客体中。有些人总结说，当一些有理性的人能论证某事的真实存在时你才能认识它。还有另外一些人，如美国理论物理学家约翰·惠勒，甚至说世界是思维的投射，根本不存在什么客观现实，没有“there（在那儿）”一说，所有的一切都来自思维。惠勒有句被广泛引用的话，“实在是由一些观察的铁柱及其间的理论和想象构成的。”“我们观察到什么，部分地取决于我们用什么方式提问。”我们不仅是观察者，我们也是参与者。

甚至在今天，神经科学家、心理学家、神经病学家之间还在对自主理性思维这一话题展开热烈讨论。丹尼尔·戈尔曼、马尔科姆·格拉德威尔、罗伯特·伯顿的研究著作，回答了无法捉摸、无法知道的潜意识思维本质，讲述了知道感和我们如何知道自己知道、理性思维的现实以及自我反思的价值和局限，发人深思。大卫·伊戈曼等则从神经科学的角度使我们对大脑有了新的理解，对我们所理解的大脑如何观察事物、如何做出回应的观点提出了挑战。

我对哲学、心理学和与客观性相关科学的学习，我的研究、教学和行政培训，再加上我个人的经历，使我得出如下结论：客观性是能够提高的。我认为，从实验角度讲，客观现实是存在的，我将其称为"因为存在所以我看到"，也就是说，任何一件事都是世界的一部分。由此我们可以说，它是存在的，不管我们是否看到、听到、触到、尝到或嗅到。

例如，有一天，我开车去参加一个会议。我下了高速路，开到了一条不熟悉的路。我当时只想着开会时我说什么，参加会议的都有哪些人，光去想事情了，突然间，我听到了砰的一声，我被弹到了椅背上，车从一个坑上经过。无论我做什么、说什么或感受到什么都无法改变那里有一个坑的客观现实，无论是我看到它，还是没看到它，它都在那里。

即使从实验的角度讲我认为客观现实是存在的，但我认为，我们人类不能够达到100%的客观性。正如罗伯特·伯顿所说："没有完全的客观性"。我们对"是什么"的反应都是主观的：我们碰到的人，生活中遇到的各种情况，以及我们自己。我们所能做的是降低主观性，我将之称为"我看到了，所以它存在"，如我们的投射，那些我们虚构的情况、人或事。我们的虚构太多了！在吉姆那件事情上，他的上司没有和平常一样跟他打招呼，他就将自己的恐惧投射到那上面去了，而说到我跟南非果汁公司的关系，我将自己经营业务的思维定式投射到了供应商身上，并且通过这个大脑镜头应对一系列问题。

即使是走在大街上这样最简单的小事，也存在主观性。你可能在街道上碰到了某个人，然后想他怎么这样怪怪地看着我。在这种情况下，我们看到的是我们认定的怪表情，因而说那是个怪表情。大多数情况下，那个人只是在沉思，在想别的事情，跟你没有关系，碰巧朝你的方向看过来。还有这样一种情况，你是否上班时收到一封邮件，觉察到语气不友好，就认为是发件人在攻击你，于是你就进行回击，也发了封语气不友好的邮件？这些事都是我们虚构的。我们认为它是真的，是现实存在，是我们经历过的，于是就当它是存在的来进行回应。

值得庆幸的是，我们能对我们的潜在假定进行挑战，挑战我们对世界的认识，降低我们的主观性，对现实世界做出更加客观的回应。我们能够学会清楚地认识客观现实，应对客观现实。我们看待事物时，若不是将我们的思维定式和恐惧投射到客观事物上，而是能够看到其本质，我们就是客观的；我们看问题时，能够问自己是否还有其他处理方法，我们就是客观的；当我们能理解和考虑他人的观点时，我们就是客观的；当我们能辨认和评价假定和结论时，我们是客观的；当我们能将过去的经验抛到脑后，只把它用作评价当下情况的数据和信息时，我们就是客观的。因此，我们将客观性的工作定义为看待并接受事实的本质，不将我们的恐惧、思维定式及过去的经验投射其中，对我们生活中的人、情况和事件经过慎重考虑后做出回应。

本章行动计划的第一个练习，是认识你目前的客观水平，认识你在何种情况下能够比较客观，以此建立你的个人基准线。一旦你建立了你的基准线，第二步就是理解你与世界的关系。

行动计划一

评估你目前的客观水平，锁定你的主要问题（你何时比较主观？）

提高客观性的第一步是评估你何时所做的反应不太客观：

- 每天、每周或每月一般有几次过度反应？

____

____

____

- 每天、每周或每月一般有几次从自我角度看事情？

____

____

____

一旦你能够感知到所出现的认知错误，第二步就是锁定你的主要问题，即判断什么情况下所做的反应不够客观，描述一个你的职业生涯中应对不够客观的事例。简单地写下以下问题的答案：

- 所发生之事的客观现实是什么？

____

____

____

- 认识上的错误是什么？你当时认为发生了什么事？

____

____

- 你的反应是什么？

____

____

____

- 现在看来，当时应该如何做出反应才算恰当？

____

____

____

- 你付出的代价是什么？

____

____

____

针对你个人出现的某种情况再重复做这个练习。

CHAPTER 03

THE SUBJECT-OBJECT RELATIONSHIP:
HOW WE RELATE TO THE WORLD

· 第三章 ·
主观性与客观性：我们如何与世界发生关系

理解了主客观之间的关系，即我们如何与世界发生关系，我们才能理解为什么提高客观性是可能的。这一点非常重要。

过程是这样的：你是主体（“我”），其他的一切都是客体（“他者”或“非我”）。例如，你是主体，而本书对你来说是客体。你作为主体，通过你的五感感知世界：视觉、听觉、味觉、嗅觉和触觉。我们的世界受到刺激而活跃，这些刺激来自我们周围的人、物体和事件。“感觉和知觉是我们发现和理解这些不同刺激物的过程。感觉是将外部环境中的刺激物（如温度）转化成信号传输到恰当的神经路径。物理能量，以光、声和热的形式存在，被感官（眼睛、耳朵、皮肤、鼻子和舌头）中专门接收的细胞探测到，通过感官神经传递到脊髓和大脑。知觉是组织和解读感官信息并对其进行认识的过程。大脑收集、破译、整合感官接收的所有信息，构建有意识的知觉。”如果没有大脑，知觉就无法产生。因此，如果你直视某人的眼睛，装作倾听的样子，但实际上不知道那个人在说什么，你的大脑就一定在关注别的什么地方。大脑一定是在眼睛的后面，否则你什么也看不到。大脑一定是在耳朵的后面，因此，感觉和知觉，即感官和大脑，是相互协作的。“例如，我们眼睛中的接收细胞记录（即感到）了天空中有一个发亮的银色物体，但是这些细胞‘看’不到一架直升飞机。辨认出那个银色物体是架飞机的就是知觉。”

问题是，如果我们的感觉和知觉与外部世界互动，那我们就永远是完全客观的吗？从实验视角来说，是的，我们每天都是客观的。例如，你走在一条路上，碰到了一个玫瑰花花坛，你看这些玫瑰花，视觉的感觉出现了，视觉发生了。在这件事情上，你是没有选择的。如果那些花就在那个地方，你的眼睛是睁开的，视力正常，你的大脑在你眼睛的后面，知道眼睛看到了什么，那么你就对玫瑰花有了知觉。你嗅到了一种味道，这不是你不想嗅就嗅不到的问题，所以这跟选择有什么关系呢？没有。当我们通过感官接收到数据知道“是什么”时，我们是客观的。

然而，我们对“是什么”作了初次感官体验之后，事情就会变得有点模糊。我们许多人想当然地认为我们对世界的认识是客观的，但事实不是。我们现在知道我们的认识会受到许多因素的影响。当我们感知到物体时，我们对该物体或情况立即启动的知觉、理解和反应是主观的。我们的认识是依赖大脑完成的，受到我们的思维定式、期待恐惧、过去经验等的限制，我们将之称为主观驱动力。我们常常不知道这些驱动力的存在，他们处在我们有意识的知觉下面。这就是我们有时对自己做出的反应不理解的原因，特别是在有压力的情况下。这也是为什么两个人能通过他们的感官经历同样的物体，但却对该物体的认识和反应不同的原因。他们的认识和反应基于他们各自的主观驱动力。

所以，说这些的意义是什么呢？你是主体，其他一切都是你认识或知道的客体，而不是你。这里所说的意思是，作为主体，你最终要对你经历的事情所作的反应负责。尽管人们可能尝试，但是没有人能控制你对某人、某种情况或某件事，亦或其他经历的反应。一切都在于你，每时每刻。因为你的大脑决定了你对事物的解读和认识，你的大脑驱动你对此做出反应。

由此，提高你的客观性关键在于你要有一个认知评价过程，有意识地知道它的存在，有目的而不是自动地对生活中的人和环境做出反应。作为主体，你有能力做到。相信我，提高这个能力将会使你在工作和家庭中的表现与以往不同。作为主体，你有能力客观地看待事物，减少认知错误，做出更好决策，为你的生活带来新的可能。

接下来，我们将探讨主观性是自然的现象，但是我们的大脑依然有能力提高我们的客观性。我们首先用通俗的语言简要总结一下大脑。

思维与我们的主观性

我们的大脑是成像器官，由一千亿个被称为神经元的神经细胞构成。“这些神经元似蜘蛛触角，延伸并连接其他神经元构成神经网络。一个典型的神经元大约有一万个连接点或联合点，与临近的神经元相连，构成共计约一百万亿个连接点”。可以联想一下，美国国家航空航天局（NASA）对银河系星球数量的最新估计是在两千亿到四千亿之间。

从我们小时候开始，大脑就一直在快速形成联想，将我们通过感官经历的一切形成结论，在我们的神经网络里创造链接。科学家认为突触，即神经元的连接处，对记忆起到了工具性的作用。这些神经加强链接，同时释放能量时，记忆得到加强。观点、思想以及感觉在神经网络上形成并相互链接，各自之间都存在着潜在的关系。例如，我们对幸福、爱情和成功的期待及经历都是神经网络中的硬链接，这些都是由我们的历史、经历和对这些经历所产生的情感回应形成的。

我们的大脑基于这些联想和链接持续收集信息和启动行为，稳步构造神经结构。这一结构随着我们经历的增加和对周围世界的适应持续发生变化。我们的大脑里发生的这一切都是自动的，大脑不断修剪链接，同时建立新的链接，而我们却意识不到。

科学家将大脑的活动归纳为两类，即有意识的活动和无意识的活动，或者说，我们知道的活动和我们不知道的活动。我们既有一个隐藏的大脑，又有一个有意识的大脑，因为我们经常遇到两种经历，新的经历和熟悉的经历。隐藏的大脑（大脑的无意识活动）处理熟悉的经历，有意识的大脑（大脑的有意识活动）处理新的经历。有意识的大脑理性、谨慎，善于分析，但缓慢并且有意而为之。有意识的大脑处理我们的工作记忆，当我们遇到新鲜事时，"大脑的储存区将知觉、观点与其他信息进行比较"。例如，你看到一条最新款手机的广告，你就会拿它与你的老款手机进行理性比较。是你的工作记忆，即部分有意识大脑，吸收新信息并将之与已有信息进行比较。这部分记忆激活了前额叶，即大脑中的能量密集区。前额叶在大脑中担负观察、监督、引导、指引和集中行为。它拥有监督的"行政功能"，具有时间控制管理、判断、冲动控制、计划、组织和批判性思维的能力。我们人类思考、提前做计划、合理运用时间以及与他人交流的能力都受到大脑这个部分的非常大的影响。脑前额叶负责我们的行为，为我们指引目标，助力我们有效参与社交。

我们遇到新鲜事的过程与有意识大脑有关。一旦某个问题得到理解，就会发现解决问题的规则。每次遇到问题时不再需要重新思考，直接采纳已有规则即可。这就是隐藏的大脑所在地。尚卡尔·韦丹塔姆将其表述成"我们从事乏味之事时启发我们思想捷径的大师"。

隐藏的大脑中含有基底节，它们是一大团结构，靠近大脑中心。其中一个结构叫作尾壳核，其功能是控制自发运动的准确性和速度，这个结构与另外一个被称为核区的结构共同协作完成自动性行为。“感情、思想和运动的一致性都是由基底节控制的。因此，你会兴奋时跳起来，紧张时发抖，害怕时吓呆，或者上司训斥你时哑口无言。”隐藏的大脑遇到习惯和熟悉的活动时发挥作用，如在超市，将经常买的东西放到购物车里。你的基底节能让你即使在20年后还能骑自行车。我们每次做某项活动时，神经细胞团就会重复性地被激活，在它们之间建立持久关系而构成神经回路。

与工作记忆不同，基底节并不需要多少能量就能发挥作用，原因是它能将大脑模块中的简单行为无缝链接，而这些模块由于不断重复的经历而定形。相反，工作记忆容易疲乏，一次只能处理有限数量的信息。

你第一次学骑自行车时，精力集中在平衡、速度和踩踏板上，防止从车子上摔下来。等你一旦掌握了重心、平衡和动量互动规律，你的有意识大脑就将骑自行车限定到了隐藏的大脑中。具体地说，是限定在大脑的基底节中。你不再需要去想你在干什么，它变成了自动状态。这样你的工作记忆和前额叶就被解放出来，不需要花费能量来处理此事。

所以，如同骑自行车和开车变成了生活常规一样，我们每天对遇到的事情做出的相应反应也变成了常规。我们如何回复邮件、如何参与小组会议、如何快速推进新项目等，在一段时间后都变成自动的行为了。再遇到熟悉的情况时就出现以下过程：“大脑调整到自动导向，为工作记忆保存能量，你依靠基底节中长期建立起的神经链接，这些神经链接对这种情况以及你对这种情况的反应已形成硬链接。这样你再做那些你做过的事情时就会变得容易，你也能同时做两件事，……同时完成多项任务。”你每天做的事有多少被转向了自动导向状态？你一次承担多项任务的频率是多少？

为增加客观性，在对任何事做出回应之前，我们必须审慎对待和分析（在大脑前额叶进行）更多的自动反应，即那些硬链接和转入基底节的自动反应。

思维与思维定式

思维定式嵌入在我们的神经网络中，它是指我们如何看待自己、看待世界及事物发展规律而由此长期形成的固定观点和观念。思维形成定式，解释我们的现实感。思维定式可以描述成自然发生的现实认知表达，或者将我们所理解的现实编入大脑的方式。这些我们所理解的现实表达，为我们提供了理解因果的框架，引导我们期待出现某种结果，为事件赋予意义以及让我们的行为有所倾向。我们的思维定式为我们观察、分析、理解客体和对当时客体作出反应提供基础。我们的思考和行为都是由我们的思维定式决定的，因为与思维定式相关联的神经元团链接在一起，在大脑中构成了回路，驱动我们对所经历的一切做出反应。尽管思维定式为不断变化的世界提供了内在稳定性，但它们也蒙蔽了我们，使我们看不到那些与我们的固有观念相反和相冲突的事实和观点。实际上，思维定式是模糊不明的，每个人都有不同的思维定式，即使是对最简单的概念也是如此。

我们所扮演的每个角色，如母亲、女儿、姐妹、兄弟、父亲、儿子、同事、上司、雇员等都有其相应的思维定式。另外，社会也对某些事情的做法采纳了集体思维定式，也有对男女角色的社会集体思维定式，如男人应该如何做，女人应该如何做。这些思维定式经过媒介、同伴压力及社会回报，在一段时间后得到加强。我们通过他人，如父母和老师，学习如何思考和行动，喜欢什么，要什么以及如何评价我们自己。我们许多人不作思考就接受了这些概念，这些概念在我们的神经网络上形成硬链接。例如，琼·克里佛给女人的角色作了界定，她是20世纪五六十年代电视片《反斗小宝贝》中妻子和母亲的角色。按照她的角色，女人应该照顾家庭和子女，而且还要打扮得有魅力。我们经常看到，琼即使是在做饭时也很喜欢珍珠。男人同样也要面对强大的社会思维定式。你以前所知道的男人，真正的男人，在家里是要随叫随到的吗？他们要知道如何修理家里的一切东西。我认识的许多男人都承认他们在家里不是随叫随到的，他们宁愿雇个小时工而不愿自己动手拿起锤子。这说明我们可以选择是采纳社会思维定式，还是创造适合自己的新思维定式。

埃伦·兰格在其《专注力》一书中讲到了一种“我们共有的状态或特质，即不专心”，她将此定义为人类自动导向操作倾向。这种倾向一是由于陈规，二是由于不专心造成的。兰格的研究发现，不专心是行为的自动习惯模式造成的结果。问题是这些自动反应让我们在对选择和新方法做出反应时不再去思考。因为我们习惯了我们大脑里的硬链接，我们经常不加思考就接受信息，没有注意到情况发生变化时，这些暗含的指示不再生效。兰格探讨了这些不成熟的认知导向如何限定了我们的选择和发挥潜力的能力。在这种情况下，不专心的人会倾向于按照预设使用信息，而不能发现该信息的其他用途或应用。我们所看到的是，对于那些我们不断重复经历的情况，我们的大脑限定了我们不去专心对各种情况做出解释和反应，因此我们经常做出的反应就不太客观。

认知科学家发现，人的思维定式，包括思维定式理论、思维定式期待和态度，在人类认识中发挥了更加关键的作用，这是我们之前所没有了解到的。人们倾向于经历期望经历的事情。我们的期望，无论是有意识的还是埋藏在我们深层大脑中心的，都能在认识中起到很大作用。这一事实具有重大意义。我们神经网络中的硬链接能够变成我们的经历。我们对自己的基本认识、我们认为是真实的事情、我们所做的对我们很重要的决定、我们所关注的事情等等，都将成为我们的经历。

以下是某天在我身上发生的事。那是2003年，我的三菱戈蓝里程表上显示已经跑了16.8万英里，而我要搬到波士顿去，所以需要一辆新车。我给我哥修打电话，问他我买哪款车好。他告诉我最划算的是林肯LS，我说好。我喜欢这款促销的车，零定金、零利息、签合同时不用付钱。我到网上去查看这款车，然后去找经销商试驾，决定再想几天。猛然间，我注意到似乎满世界都能见到这款林肯LS，同样是那种我想要的银色。你遇到过类似情况吗？问题是：那些车是以前就在那里，还是我到哪里它就神秘地跟到哪里？显然，那些车原来就在那里，但我之前没有注意到，我告诉我的大脑那款银色林肯LS对我很重要，这时我才注意到它。我的大脑让我注意到我想要的和我认为重要的。这只是一个简单的例子，说明我们的思维和思维定式。我们所认为的和我们所勾勒出的那个世界最终决定了我们如何去经历它。

我们的大多数思维定式对我们都有所帮助，但也有一些思维定式并非如此。如果你在工作中或个人关系中不断遇到一些问题，你可能会形成一种你所不知道的思维定式，这种思维定式导致你对有意识的目标做出反应时的方式不一致。值得庆幸的是，思维定式是可以被改变的。不一起释放能量就不再链接在一起。每次我们有意识地打断一个自动反应，再选择一个不同的反应时，互相连在一起的神经细胞就会打断彼此长期相连的关系，开始建立新的神经链接。下文中，我们将探讨转变思维定式的过程。

思维与思想

你是你认为的那个你吗？如果你的回答是肯定的话，那么，你认为的哪个才是你？你是早上起来时的那个你，还是下午两点时的那个你？或者是你每晚上床睡觉前最后确认的那个你？

下面是个暗示：如果你回到前面的主客观关系部分，那部分要点是，你通过感官所认识的一切或你有意识地知道的一切都是客体，而不是你。你知道你想法的内容吗？你有时会说“这是我所有想法中最可笑的一个想法”？你会判断哪个想法是好想法，哪个想法是坏想法吗？答案当然是肯定的。所以，如果我们运用逻辑的话，我们得出的结论是我们并非我们所认为的自己。你有过早上醒来时自言自语“我今天不做任何思考，我太累了”的时候吗？当然没有。如同我们每天呼吸一样，思想每天照常发生。

现在我们知道，思想、观点、记忆和思维定式在我们的神经网络中是连在一起的。正因为如此，我们的思想总是加强我们现有的思维定式，反之亦然。例如，有许多女人有这种思维定式：美国企业都有玻璃天花板，尽管有个别例外情况，通常公司里的女人难以超越副总裁的级别。如果有一个女副总裁知道有个高级副总裁职位空缺，而她又很杰出能够胜任的话，她的思维定式会是什么？她可能会告诉自己，“我不应该申请那份工作，他们已经决定把那份工作给个男性，他们可能会让我参加面试，但最终他们还是会考虑男性，并说些理由。我连咨询都不应该，因为大家都会认为我疯了。”如果她努力抗拒这些想法，她的脑子里就会出现以往曾经发生的类似情况，来支持她的思维定式。她还可能上网去搜索一些不容置疑的统计数据，来支持她的思维定式。想了几个小时之后累了，她就决定不再想了。思维定式和思想经常就是这样发生的。这种永久不断加强的系统将我们一直锁定在过去的思想和反应方式中。我们的思想依赖熟悉舒适的模式，限制了我们的客观反应能力。

思想除了支持我们的思维定式外，每时每刻它还对我们的生活产生重大影响。你是否留意到，你思想中的大部分内容都是自我判断，负面居多而且期待的是最坏的结果？有时这些想法带来非常大的限制，产生不了任何结果，甚至很残酷。也有些时候我们只是对他人不太友好。最新科学研究发现，负面想法的问题是，想法非常强大，甚至对我们的身体都能产生影响。丹尼尔·亚蒙指出：“每个想法都发出电子信号穿越整个大脑，这些信号含有物质，具有物理特性，它们对我们体内的任何细胞都产生影响，使我们感觉或好或坏。”大脑成像清楚地表明，我们的大脑装满许多负面想法时，我们就感到急躁易怒、喜怒无常，甚至情绪压抑。你是否有过走着走着停下来，去留意你大脑正在狂躁不安时你有什么感觉？亚蒙还说道，即使我们的想法是真实的，也常常是错的。我们的思想说谎。如果思想经常支持我们的思维定式，而且如果在某些情况下，我们的思维定式是错误的，即不会产生任何结果，也不再为我们服务的话，那么我们的某些思想当然就会是错的。我们有时对自己说谎，本质上会对我们的情感和身体带来伤害。

要记住，一个想法除非我们自己相信，否则它就是有害的。这一点很重要。“让我们痛苦的不是我们的思想，而是我们一直不能摆脱这些思想。”作为主体（因为思想是你所知的客体），你有能力对任何一个思想进行挑战。你能够决定是否想让那个思想成真，你能够决定是否想要关注那个思想、改变那个思想或者是忽略它。亚蒙的建议是，当负面思想自动跳出来，你开始感到无力或失控时，你就认真地同它交谈。如同你能够在果汁和苏打水之间做出选择一样，你能够跟“我总是把事情搞糟”的想法认真地交谈，选择相信“我尽力专注于某事时一定能做好某事”的想法。你选择，你是主体。

你要思考的一个重要问题是，如果我对自己妄下判断，对自己的想法是负面的和不友好的，那么与此相连并被一再在神经网络上加强的硬链接最终会形成什么样的思维定式呢？

思维与恐惧

关于大脑的新发现有助于理解过去的经历和避免痛苦的愿望对塑造大脑路径过程的影响。我们的大脑如同粘贴的两面，一面代表负面经历，另一面代表正面经历。我们自动地对自己世界里过去犯下的错误进行扫描，不敢再重复；对未来的威胁进行扫描，全力以赴去避免或做好准备去应对。我们的大脑按其设计，首要任务是帮助我们生存下去和将基因传递下去，由此它们对危险自动产生负面偏见。当发生了我们不喜欢的事情时，我们的大脑就会发出负面信号，并将其储存供未来参考。

恐惧是我们感到有危险时的情绪，是一种保护性情绪。恐惧包括身体、思维和行为上的反应，这些反应常常与思维定式连在一起。因为我们具有求生本能，所以人类的大脑就进化出特别强大的能力，能探测到神经科学家所谓的错误——能够觉察出期望与现实的区别。这些错误信号是由大脑中被称为眶额前脑皮层的部分发出来的。眶额前脑皮层与埋在杏仁体里的大脑恐惧线路紧紧相连。这个杏仁体的一个主要功能是保护我们摆脱威胁，或者摆脱影响我们健康安全的一切。它引发恐惧情感和感觉，如心跳加快、手心出汗、肌肉紧张等。“如果一个人处在低等和中等压力下，脑前额皮层就会平复杏仁体，考虑即将采取行为的利弊。”

因此，前额叶确实帮助你更加客观。它帮助你在做出反应前先思考。受到刺激物的极端刺激时，激活的杏仁体关闭前额叶功能（前额叶是有意识的控制和决策制定过程发生的地方）。由此，当杏仁体觉察到一个威胁性刺激物时，大脑中有意识的部分就会自动关闭，这时我们就感觉到“失去了理智”。神经科学家将其称为“杏仁体劫持现象”，因为接下来的反应完全是由杏仁体控制的。在《情商》中，丹尼尔·戈尔曼将其描述为突然而势不可挡的恐惧和生气。当大脑中这些部分被激活时，它们就借助前额区的新陈代谢能量促进和支持高级智力功能。错误探测因此能将人们推向情绪化从而采取更加冲动但不够客观的行为。在吉姆和司各特的例子里，吉姆处于被杏仁体劫持的剧痛中，再加上不断持续产生的负面想法，以至于最后跑到上司办公室，面对那些其实是存在于他自己大脑里的事情。

本质上我们都经历恐惧。你恐惧时你自己知道吗？你知道你何时感到恐惧吗？你是主体，知道恐惧的感觉。这里的意思是，你不是你的恐惧。我们的挑战是恐惧经常掩饰了我们对"是什么"的解读。例如，如果我们对某事产生恐惧，这种来自我们感官的感觉（感官是我们知识的客观来源）就会通过大脑进行过滤。然后我们的行为就是对恐惧进行回应，而不是对"是什么"进行回应。

经常产生的恐惧包括：

1. 对失败的恐惧。我的自我概念与达到目标和控制结果连在一起。如果我失败了谁都不喜欢我，不爱我。我感觉我是个冒牌货。我害怕别人会发现我不太聪明。

2. 对成功的恐惧。我感到我不值得拥有幸福和成功。害怕一旦我成功了或完成了我的目标后，就会失去。

3. 对死亡的恐惧。我害怕自己的死亡和至亲的死亡。

4. 对未知的恐惧。我对无法掌控感到恐惧。我对未知感到害怕，我对可能发生的事感到害怕。

5. 对隔离和孤独的恐惧。我害怕别人不喜欢我或者拒绝我。我害怕孤独。

值得庆幸的是，我们一旦意识到了自己的思维定式，就能降低恐惧，避免被杏仁体劫持，做出更加客观的反应。

思维、习惯与倾向

经验教训

我经营果汁业务时，许多时候都在恐惧中度过。心里一紧的时候就是发出的危险信号。我经常被杏仁体劫持。我最害怕的是什么？我必须承认，通常影响我做出反应的恐惧是害怕失败。或许，如果我对失败的恐惧没有驱使我做出反应，我可能会更加客观，看到那些显而易见的事情，而不至于在南非花了6周的时间为保住我的生意而战。

如同我们的思想支持我们的思维定式一样，我们的思维具有固定模式和硬链接的习惯性反应及倾向，从而支持我们的思维定式。例如，某些人受到威胁时站起来应战，而另一些人则后退逃跑。“战还是闪”是对基底节所产生恐惧的习惯性应对倾向。正如我们所见，基底节是大脑中使自动思想和行动形成固定模式的部分。因此，我们发现自己对相同的情况总是重复性地做出相同的反应。在那一刻，我们感到无能为力。一旦我们认识到我们的思维定式，而且断定那些可能对我们不起作用的思维定式，我们就能养成令人称赞的习惯和倾向，支持我们的新思考方式和应对环境的新方式。

思维与直觉

直觉是个重要的话题。人们总想知道直觉是客观的还是主观的。更重要的一点是，直觉是否值得信任。神经科学家和心理学家对直觉的缘起和有效性一直争论不休。从神经科学的角度看，直觉被定义为“隐含的或潜意识里的识别记忆，是我们在无意识的情况下接收和加工并且随后还能够被恢复的信息或感官输入”。我们内心都有一本画册，收藏了我们以前的生活经历。我们还记着当时的结果，最终的结果是好还是坏。爱荷华大学医学院的安东尼奥·达马西奥表示，直觉就是在大脑正中前额叶皮层（系统中的这个部分储存过去受到过的奖励和惩罚信息）的帮助下，无意识地评估眼前的形势并预测能引发心理反应的结果。正如思维定式经常处于我们的潜意识中一样，我们的无意识记忆过程收集储存数据，在我们还不知道发生了什么事情时就促使我们对人和事做出了反应。从以上及我的经历中，我认为，如果我们能开发并相信直觉的话，它可以变成一个强大的工具。与此同时，我们知道，正如我们的思维定式、思想和恐惧可能是错误的，并引发我们做出事后后悔的反应一样，我们的直觉也能将我们引入歧途。在我们还未做出反应时，有意识地了解我们的知觉反应，并对此进行评估，对提高我们的客观能力至关重要。

不能跟你的思维发脾气

我们经常回顾发生过的事情，当发现自己做出了过度反应，或者所作的反应不太客观时，就感到后悔，并跟自己发脾气。你现在可以知道，这种情况不只是发生在你身上，许多人都有与你相同的经历，而且与你有同感。你不能对自己、对你的思维发脾气，因为这是自小就在你神经网络上无意识形成的硬链接造成的，硬链接的形成源于你如何看待世界，通过什么媒介看待世界，以及应该看重和回报什么等。令人惊奇的是，在我们整个一生中，我们的大脑能够通过建立新的神经链接对既有硬链接进行识别。这种能力被称为神经可塑性。“大脑为了对行为和经历做出反应，在控制行为和思想的回路中打造了坚固链接，同时削弱其他回路中的链接。大脑中发生的这种情况主要是由于我们与外部世界发生的关系造成的，我们做了什么，我们经历了什么等。由此，大脑的结构，大脑内面积大小相对不同的不同区域，以及各区域之间链接的坚固程度都反映出我们所经历的不同人生……这个留下了人生烙印的温和过程与外界没有关联。也就是说，大脑能够依赖我们的所思所想发生改变。”

由于大脑的神经可塑性，你能够（事实如此）重塑你的世界，重新为你的大脑建立链接，从而让自己变得更加客观。你有能力看到事物的真相，你能够对你所经历的一切做出慎重、从容和有效的反应。

既然我们对与认知错误和改变大脑相关的神经科学有了基本的了解，那么接下来，我们将探讨如何将我们所获得的这些信息用于实践——教你如何提高你的客观性。行动计划二将帮助你确定你的思维定式，断定哪些可以对你有所帮助，哪些对你没有帮助。

行动计划二

你对自己的基本认识是什么？

你如何塑造自己的世界与你怎样看待自己具有直接关系。我们自我概念的形成，即我们如何看待自己，常常结合了我们对自己的看法和他人对我们的看法。因此，请将以下问题的答案写在横线上。

1. 你如何看待自己，例如：我聪明，我勤奋，我友善……

____

____

____

2. 把你认为他人对你的看法写下来。

____

____

____

3. 对比你对自己的看法和他人对你的看法的区别，你认为为什么会存在这样的区别？

____

____

____

你对自己的看法塑造了你是谁及你的感觉，常常支持你的潜在思维定式。想想你的看法，了解你的看法，并将以下问题的答案记录下来：

1. 你思想过程的内容；

2. 你的思想是有倾向性的，中立的，还是没有倾向性的？

3. 如果你的某些想法严厉残酷，你想对自己说什么？

4. 那种想法的背后可能有什么样的潜在思维定式或信念？

5. 那个想法是真实的吗？

恐惧

1. 你害怕什么？

2. 什么样的思维定式或假定让你对此产生害怕？

3. 你想或期盼发生什么情况？

4. 如果你想的或期盼的没有发生，你认为会发生什么情况？

| 第三部分 |

掌握客观思考的流程与技巧

PART 3：FRAMEWORK FOR OBJECTIVE LEADERSHIP

CHAPTER 04
OBJECTIVE
DECISION MAKING

·第四章·
如何作出正确决策

得知你的思维如此强大后，你是否感到吃惊？你现在知道，你观察到的、相信的和期盼的，都对你看清形势、作出正确决策和采取有效行动的能力产生影响。作为主体，你也知道，你可以选择对你经历的一切做出何种反应。凭借你甚至都不知道的思维定式，下意识地、自动地行事只能给你带来限制，不会带来什么收益，有时甚至会带来毁灭性的打击。现在你可以学会对你每天遇到的挑战和机遇进行有意识地、有意地和有效地回应。

客观制定决策的过程步骤

客观性框架帮助领导者提高客观能力，它是提高有效执行力的核心能力。“客观制定决策过程”的设计具有可操作性，它引导你在评估形势、制定决策和采取行动时既了解自己的参考框架又了解他人的观点。当你作为领导者，面对某种形势有时间去搜集分析各种数据时，这个决策过程非常有效。

然而，也可能有一些情况突然发生，你没有大把的时间进行逐步分析来提高决策的有效性。在这种情况下，客观性框架表格左边的内容，供紧急情况发生需要在强大压力下快速有效作出反应时参考使用。在有压力的情况下，抑制过度反应的倾向，看清事态，对你在第一时间断定和转换引发过度反应的思维定式很重要。表格右边的内容帮助你重新建立新的强大思维定式，为你塑造一个更加成功、幸福的自我世界。

客观性框架		
客观制定决策过程		
瞬间客观性	客观领导者	长期客观性
• 注意力 • 创建距离和空间 • 扭转倾向	• 收集、接受情况的事实材料 • 确定可能影响你结论的思维定式、情感和直觉 • 评估潜在假定，决定有效和有用的假定 • 建立新思维方式 • 选择客观反应，考虑所有可能产生的后果 • 采取有效行动	• 学习方法的革新 • 认知重构 • 集中精力的强度
	思维定式、思想、恐惧、倾向	

下面我将带你经过客观制定决策过程的每一个步骤，给你提出关键问题，你可以随时对自己进行提问。

■ **步骤1：收集、接受情况的事实材料。**

当你碰到某种情况，需要做出决策时，第一步是收集所有事实材料。你必须问你自己，我对这种情况了解多少？我如何能够确定我要做出决策所需要的所有材料？从前面可以看出，我们的思维定式和预期经常使我们陷入窘境，而当情况发生时我们又不想考察所有的事实。例如，我们可能只看到了数据的一个方面，而且通常情况下，是负面的一面，放弃了其他可能与之相关的数据。这种认知错误被称为选择性断章取义。例如，当市场研究部经理苏珊娜审阅焦点小组给出的数据时，只注意到了有几点负面评论说对产品缺乏兴趣，然后就总结说，该产品不应该再继续开发下去。她忽略了其他数据，即有的数据显示愿意以低价购买，从而放弃了那些显示改进该产品机会的数据。考虑到生产线上还有大量产品，没有人对她的提议提出质疑。在这种情况下，即使并非必然，公司也可能失去了凭借创新产品首先进入市场的机会。

为了从各个角度理解所面临的情况，重要的一点是从团队其他成员那里收集信息和观点，而且，在条件合适的情况下，从同一组织内部不同功能部门收集相关信息和观点。团队其他成员或其他部门看待问题的角度很可能不同，他们的观点可能非常有价值，能够帮助你得出更加客观的结论。在市场研究部经理苏珊娜的例子里，如果她在提出产品不再继续开发的建议之前，能将焦点小组得出的结论与产品开发小组其他成员（如设计团队，或者研究性价比的数据分析团队）一起进行探讨的话，这对她可能很有帮助。

你一旦获得了该情况的所有相关数据，接受事实将至关重要。然而，有时我们就是不想看到事情的真相，非要强行改变，结果徒劳无益。正如我们所看到的，2013年美国政府暂时关门就是一个不肯接受现实而强行做出改变的具体事例。坦白地说，我认为我在南非耗了那么久原因也是如此。我不能接受解约，所以我想如果我不离开，他们就得跟我谈。当然，他们最后确实跟我谈了，但是不是以我希望的方式。

要成为一个客观领导者就意味着在每种情况下都要接受现实。相信我，否定和逃避只能导致决策失误和无效行动，后果不堪设想。

■ 步骤2：确定可能影响你结论的思维定式、情感和直觉。

你一旦获得了数据，就可能会发现你对此的反应是情绪化的。如果一开始的感觉是生气、沮丧或者恐惧，那么就预示着你不可能保持客观。重要的一点是问你自己“是什么假定让我对此感到生气、沮丧或者恐惧？我过去遇到过这种情况吗？”

面对某个问题或某种情况时，我们有时就会不切实际。这是所谓的灾难性认知错误，此时我们认为最坏的情况将要发生，而不去考虑可能会有其他结果。重要的一点是问自己“如果事情不是我想象的那样，那我认为将要发生什么呢？”例如，高级项目经理约瑟曾经讲过，他经常把每个项目、任务或情况都看得太重，他感到如果自己做得不好的话，他的工作就会有风险。他有时过于担心失败，一连几天都会觉得难以自拔，甚至是要崩溃了。

除了要确定可能妨碍你观察情况的情感外，重要的是还要承认你可能运用直觉判断情况。马尔科姆·格拉德威尔在他的畅销书《Blink》中强烈认同直觉的力量，称其为快速认知。他赞同直觉和瞬间判断的力量和有效性，即根据直觉做出的决策相比依赖理性分析所做的决策能产生更好的结果。他强调说，过多思考可能会导致错误的决策——与直觉相差十万八千里。另一方面，著名心理学家、诺贝尔奖获得者丹尼尔·卡内曼和其他心理学家认为，直觉能够使人不需要浪费时间和精力就能做出选择，但可能导致错误决策。科学家们还在辩论直觉的缘起和有效性，所以领导者们遇到问题时不应该完全放弃情绪化或直觉反应。他们应该对有价值的数据点进行分析和评估。要记住的关键一点是你的思维能够通过思维定式的镜头、认知扭曲、情感以及直觉观察数据，所以，重要的是在做决策的过程中，你要花点时间反思一下哪些因素影响你的观察。记住，一旦你了解了这些因素，你就可以选择是否要受到其影响。你是主体。

■ **步骤3：评估潜在假定，决定有效和有用的假定。**

你一旦对某种情况做出了认知评估并且确定了其中的假定、思想、情感和直觉的话，下一步就是对这些因素进行评估。把它们写下来，列个单子。你现在要做的事是对你每一个假定的有效性或用途进行评估。重要的是要记住你的想法常常与你的思维定式相连，所以，第一步是将负面想法写下来，然后评估其有效还是无效。如何评估呢？作为主体，你可以选择如何看待某种情况。第一步是对每个负面或干扰想法提出疑问，问你自己这个想法是真实的还是有可能是真实的。你经常会得出以下结论，即那个想法或者假定不真实，根本没有可能。这种情况下，你就可以继续。如果不是这种情况，你就需要你团队里的人帮助你增加客观性，这没有什么丢人的。在你还没有改变让你对现实产生歪曲想法的硬链接思维定式时，你自己很难挑战那些想法。（我们下面将详细探讨这个过程。）与此同时，当你知道自己对某种情况不够客观时，如你知道自己不会安装厨房里的那些橱柜，你就得寻找资源，利用资源！与你亲近而你又信任的人就是很好的资源。他非常了解你，知道你就是你，他不想改变你。对于我来说，这个人就是我的孪生姐姐。

当你将那些假定列下来后你会发现有些是基于以前的相似经历。这有利也有弊。有利的一面是你可以在两者之间比较其相似之处和不同之处，你能够看到有些情况发生了变化，你能够从过去的经历中吸取经验，但你的领悟和洞察只能作为数据点，不能作为判定点。不利的一面是我们不经过分析就很快得出结论，“噢，我们可以这样做，我以前这样做过，而且很有效。”你应该问自己，“我上次这样做有效，这次这样做还能有效吗？为什么有效？为什么没效？”

■ 步骤4：建立新思维模式，确定目标。

你一旦确定和决定了假定的有效性，下一步就是开动脑筋运用新思维方式考虑问题。重要的一点是，在这个过程中不要妄下评判，否则你将会扼杀创造力和创新思想。打开心扉，接受新思维方式，不要过分依赖思维定式和既有经验，这会让你更客观地接近事情的本来面目。你可能会依据可靠的假定或假设对事情的客观现实得出结论。下一步是制定目标。问你自己如下问题：“就已知事实来讲，我们希望的结果是什么？我们判断是否已经按要求出成果的正确标准是什么？”

■ 步骤5：选择客观反应，考虑所有可能产生的后果。

现在选择最有效的反应比较容易，因为你对形势的判断是正确的，而且已经明确和清楚了希望达到的结果。根据头脑风暴会议的成果，你能够评价对所设立的客观标准可能做出的反应。你可能会问：依据标准，哪种反应或方法能给我们带来最好的结果？对每一种选项你都要进行评价，考虑所有可能出现的后果。做出决策。

■ 步骤6：采取有效行动。

决策有了，但在执行前，有些领导者发现，为了争取更多认同与支持，将客观决策过程与股东们进行交流很有帮助。交流要本着精炼、不作辩护和合作的基础，具体过程如下：

1. 这是我们分析的数据。

2. 这些是我们收到的另外一些观点。

3. 这些是我们认为有效的最初假定，而这些是我们认为没有用的假定。

4. 我们经过了头脑风暴后运用新思维方式对形势进行了思考并得出了以下结论和可操作性假定。

5. 由此我们确定了最好的结果和客观评价标准。

6. 按照我们确定的标准，考量了所有选项后我们选择了这个方法。

很显然，有时你无法就整个过程与你的团队进行交流。但最重要的是，你一定要给自己提出疑问，挑战你的想法和做出的假定，这样你就能清楚评估形势并做出有效决策。

本章后面的行动计划为你提供了一个框架，将你能够记起的处理不够客观的某种情况在练习中进行描述。客观决策制定过程非常有必要，它能够帮助你实时做出更好决策，也是事后非常有用的工具。让你在整个过程中都处于思考状态，学会如何能够更加客观，为你理解你的思维定式和思想提供帮助。

反思是要点。目前经理们面临挑战时，没有多少时间对他们已采取的行为进行反思。在这种高压力环境下，经理们依靠的是目前所了解的情况和过去取得的成功经验。如果达到了好的结果，经理们的旧思维定式就会得到进一步加强；如果事情的结果不尽人意，就几乎没有时间对所作的潜在假定、行为和决策进行反思。不管将会产生什么结果，花点时间对你的潜在假定、行为和实际所作的决策进行反思，将会帮助你在作决策时确定你的思维定式是否能够引发最有效的领导力。

重点考虑的是，如何轻松地将所提供的框架应用于甚至是最简单的情况（极端主观事例）中。这些框架对你来说很容易操作，很容易帮你看清问题，并选择更加客观的反应。

案例1：吉姆和司各特		
客观决策制定过程		
收集、接受事实。	该情况下都有哪些事实？ 我真正知道什么？	上司司各特没有像往常那样跟吉姆打招呼，他只是点了点头。
确定可能对你产生影响的思维定式、情感和直觉。	影响我做出结论的假定、过去的经历以及思维定式是什么？	吉姆从个人角度看待司各特的行为，并由于恐惧做出过度反应。他认为要裁员。 吉姆扩大了司各特的行为变化，认为要发生最坏的结果。
对假定进行评估，确定其有效性。	这些假定的效力如何？ 过去经历中哪些可以用来作为有用的数据点？	吉姆不知道司各特发生了什么事，他的假定没有效力。 尽管吉姆以前被解雇过，他不应该因为上司没有跟他打招呼就得出要被解雇的结论。
建立新思维方式。	不同的思维方式是什么？ 能得出什么样的新结论？ 实际有用的假定是什么？ 我们的目标是什么？ 评价标准是什么？	吉姆本该想到司各特的行为与他没有关系。 他可以想点其他事情转移自己的注意力，纠正自己的负面行为倾向，这样做意在转移自己的注意力。 吉姆确实想保住其好名声以及跟上司的良好关系。

（续表）

选择客观反应。	是什么客观反应？ 可能会出现什么后果？	吉姆能够置之不理，忘记这件事，继续干他的工作。 吉姆下次见到司各特时可以问他是否一切正常（也许司各特会生气）。 吉姆可以跑进司各特办公室，问他是否一切正常，是否需要帮助。司各特可能会理解吉姆是想让他给予更多关注。
采取有效行动。	条件允许的情况下，将整个过程跟他人进行沟通。	什么都不要做是最好的选择。

后记：司各特得知他20岁的女儿刚在车祸中受了伤。他脑子里一直在想这件事，就没有像往常那样热情地跟吉姆打招呼。吉姆进他办公室时，他的表现让司各特有点失望。自那天起他们之间的关系发生了变化，因为司各特认为吉姆冲动、反复无常。

案例2：帕特里夏和萨姆		
客观决策制定过程		
收集、接受事实。	该情况下都有哪些事实？ 我真正知道什么？	萨姆电话打晚了，而且没有说“我爱你”。
确定可能对你产生影响的思维定式、情感和直觉。	影响我做出结论的假定、过去的经历以及思维定式是什么？	帕特里夏过去曾经受过伤害，太敏感。由此她难以信任她的伴侣。

（续表）

对假定进行评估，确定其有效性。	这些假定的效力如何？ 过去经历中哪些可以用来作为有用的数据点？	将过去的经历投射到当前情况下，就不能看清事情真相。 萨姆没有及时打电话，并不能表明他像她以前的伴侣一样是在欺骗她。
建立新思维方式。	不同的思维方式是什么？ 能得出什么样的新结论？ 实际有用的假定是什么？ 我们的目标是什么？ 评价标准是什么？	帕特里夏在怀疑萨姆时应本能地朝着对萨姆有利的方面想，给他时间说明情况。不要往最坏处想，例如，可以想他打电话晚了是否有可能是想送她一束花给她个惊喜。
		帕特里夏很爱萨姆，想跟萨姆继续他们之间的关系。
选择客观反应。	是什么客观反应？ 可能会出现什么后果？	等到下班后再跟萨姆谈谈，相信他，怀疑时要朝着对萨姆有利的方面想。
采取有效行动。	条件允许的情况下，将整个过程跟他人进行沟通。	什么都不要做，等着萨姆跟她联系。

后记：萨姆因为爆胎上班晚了，对自己很生气，因为车胎早就磨平了，一直想买新胎，却拖延了好几个月。他给上司打电话说可能会迟到，但他不想让他的新女朋友知道此事。因此，想等等再打。即使打电话时，他还在觉得自己愚蠢、尴尬，他不想在电话里多说，于是忘了说“我爱你”。萨姆打算之后再跟帕特里夏打电话解释一下，可是帕特里夏做出了过度反应，往最坏处想，出于自我保护的心理，给萨姆打电话提出分手。

人们常说：事后诸葛亮。从你的角度看，可能很容易对这个过程进行思考并将之应用于这些最极端的主观案例中。然而，当你自己遇到情况时，管理你的固有主观性就会困难得多。关键是要花点时间，客观对待决策制定过程的每一个步骤，提高你的客观性及整体有效性。下一章中，我们将探讨框架的第二个组成部分——瞬间客观性，即当事情发生得很快很突然时，你如何进行慎重、从容及有效的反应。

行动计划三

回答下表中的问题，并将答案填写在表中。

收集、接受事实。	该情况下都有哪些事实？ 我真正知道什么？	
确定可能对你产生影响的思维定式、情感和直觉。	影响我做出结论的假定、过去的经历以及思维定式是什么？	
对假定进行评估，确定其有效性。	这些假定的效力如何？ 过去经历中哪些可以用来作为有用的数据点？	
建立新思维方式。	不同的思维方式是什么？ 能得出什么样的新结论？ 实际有用的假定是什么？ 我们的目标是什么？ 评价标准是什么？	
选择客观反应。	是什么客观反应？ 可能会出现什么后果？	
采取有效行动。	条件允许的情况下，如何将整个过程跟他人进行沟通？	

CHAPTER 05

OBJECTIVITY
UNDER PRESSURE

·第五章·
紧急或压力下保持客观思考的技巧

当事务繁多又紧急，或者你正在跟他人热烈交谈，或者正同时应付几个邮件，这时突然有了新情况，很紧急的样子，你怎么办?

因为事情瞬间发生，你没有时间停下来，反思可能会影响你看法的思维定式。你没有时间将所有步骤在脑子里过一遍，因为你要立即做出反应。

这时候的关键是，即使没有时间对正在发生的事情进行思考，也要创造空间进行有效应对。

创造空间有效应对

我们大多数人都知道，自己在何种情况下作的反应是情绪化的。我们能感觉到。杏仁体劫持前一般会发出简短警告。我们有些人心里感觉发慌；有些人心跳加快；还有些人容易情绪激动。这个时候，在我们还没有做出反应时，重要的是要停下来，不要说话也不要做任何事。做与你所想正好相反的事情，相信你对大脑自动反应的充分了解。如果大脑这个时候告诉你要采取行动，你要自信地将其击回，然后按照相反的想法做出应对。告诉那个人你过会儿再跟他谈，现在谈时间不合适。如果这样还不行的话，就向对方简单地问几个问题，确认自己理解了对方的意思，以此给自己创造足够空间。例如：你可以问他，“我弄明白你说的话很重要，你是说……？”这样做可以在你做出反应前，给自己空出时间整理一下思路，同时，也给对方一个停顿的理由。

如果是封邮件要回复，引起你情绪化，那就先别回复，或者即使是写好了回信，也不要点击发送。这时候重要的是，要给思维创造空间、时间，打断其正在进行的活动，避免不当应对或应对后又感到后悔的情况。这话听起来过于简单，但是当你碰到这种情况，要对你的假定进行挑战，要质疑你的思维定式时，这个简单的技巧可以帮助你更客观地应对“是什么”。这个技巧我用过许多次，屡试不爽。

有个可笑的例子，是之前我想锻炼自己提高客观性时发生的。那时我还是难以做到在做出反应前给自己创造停下来的空间。

> 我刚被提拔到了一个新岗位，我认为自己在政治立场上做得不错。我按照程序，将我自己挨个介绍给各部门的负责人，碰面时就问问他们对我工作的看法，我们如何更好地合作等等。有一天，很晚了，我收到了一封邮件，是个同事发来的，我跟她约好了两周后一起吃午饭。邮件中，她公开地质疑我迄今为止的业绩，并且暗示了她认为我所使的手段。她将此邮件抄送给了跟我一起的同事，还有高级管理团队的成员，包括我的上司，公司老总。
>
> 我气恼了，我想，她竟敢这么做！我认为这是私人的事，

尽管以我对客观性的理解，认为可以用另外一种方式来看待这件事。我非常生气，感觉自己受到了威胁，真想以同样的口气回复她的邮件，但我知道我不能那样做。我应该按照与此相反的想法进行回应，即先不要给她回复，因为当时回复的话，肯定会不够客观。所以我就回家了，然后决定出去跑跑步，想赶走这个念头。结果却相反，我越跑越觉得生气。于是就又回了家，冲了个澡，吃了点东西，决定看会电影，心想也许看会儿电影就忘了。但是还是忘不了。

我其实没有在看电影，而是在想那封邮件，一直在往我电脑那边看，最后终于忍不住了，写了封言辞激烈的邮件。我知道那是个错误，所以，最后喝了半杯红酒，吃了两片阿司匹林，然后上床睡觉了。我认为自己击醒了自己，而且奏效了！因为我创造了自己所需要的思维空间，没有在盛怒之下做出回应。

第二天早上醒来后喝茶时，又看了一遍那封邮件，仔细地拟了封邮件，觉得慎重而有效（当然，点击了“回复所有”，抄送给了我的同事和上司）。自然，我不是借助药物或酒精创造所需要的思维空间进行更加客观地应对，而是找到了更好的办法。

专注训练技巧

专注是个比较好用的工具。乔恩·卡巴·金是专注研究领域的先驱，他将专注定义为“意在当下且不做评判，通过持续或特定方式有目的地培养的意识。”换句话说就是，专注是关注并清楚地看到和接受我们生活中正在发生之事的方式。它帮助我们有意识地摆脱对日常经历的自动和习惯反应。

当我们完全有意识和清醒的时候，我们确实知道我们何时要做出过度反应。我们专注的时候，我们就有了思维空间，而且知道我们的情绪何时发生变化；我们专注的时候，我们知道我们的思维模式何时受到挑战，我们的期望何时没有与现实一致，而容易引发情绪化反应。记住，我们是主体。其他的都不是你，其他的是你的知识或意识的客体。如我们所看到的那样，包括你的思想和情感。作为主体，你天生就有能力意识到你的思想和情感，每时每刻都能，你能够选择对这些思想和情感做出何种反应。你所需要的只是发展这种能力而已。

尽管需要时间、专心和注意力，但是你能控制你的自动反应。我们做这件事时要有意识和保持清醒。我们要专心。现实是我们面对事情的瞬间经常不在状态。对于这点，埃伦·兰格曾经说过，我们频繁地“自动导航，沉浸在过去的回忆里和未来的幻想里”。即使是你在读本书时，你的大脑很可能去想之前的一封邮件或与别人的交谈，或者想着期望明天发生什么事或者不想发生什么事。我们的大脑思维在一处，而身体在另一处。这种情况在我们所有人身上都很常见。这也是思维的本质。“大脑产生模拟，即微电影，将我们带离了目前时刻。你是否发现自己有过这样的情况，即你在端坐开早会的时候，突然间，你的大脑思维跑到了十万八千里之外，重播着过去的某件事，或者想着有什么不好的事情可能要发生？我们的许多电影剪辑都是基于我们的恐惧和我们的思维定式。每次这些微电影，特别是那些负面剪辑播放时，我们就加强了重播事件和与此相关的负面情感之间的联系。”如果我们的大脑只是偶尔在状态的话，那我们如何辨别我们何时的反应不太客观呢？只要是清醒地知道我们自己及周边发生了什么，我们就能开始将自己从思想偏见和情绪困境中解放出来。因为，大脑经过了训练，可以自动导航，所以大脑能够做出清醒的决定和努力去关注目前正在发生的情况。

要想提高我们的客观性，我们就必须学会关掉微电影。客观性要求我们专心、在状态，而且不加评判地经历正在发生的一切。挑战是我们即时自动地判断形势、他人以及我们的思想、感情和行动。我们对我们的经历，特别是那些不想要的经历要密集地做出反应，还要对这些经历最初的反应做出反应。有时，我们这样想事情：我这个傻瓜，我怎么能这么做呢，我当时怎么想的，我不能再这样了。我们的思维转啊转，然后向下转向了自我评判和自我嫌恶。这些东西在我们脑子里不停地转，我们如何能客观应对呢？接受而不是拒绝目前正在发生的一切并不意味着相信或接受了这样一个事实，即我们无能为力，无法阻止形势的继续或在下一刻变得更糟。它也不意味着接受和允许自己的自动和习惯反应，无论这种反应最初时的感觉是多么强烈和合理。事实正好与此相反：接受当下这一刻可以防止外部条件和你的内在反应夺走你下一秒有效应对的机会。

值得庆幸的是，我们可以提高我们的专注力。我们有提高我们在自动反应和即时情绪反应之间创造距离的能力，辨认出真正正在发生的事情，并对此做出更加客观的反应。如同我们通过有规律地锻炼身体提高我们的健康水平一样，我们能通过有意识的思维锻炼提高我们的专注力。这样说的意思是，锻炼我们的思维有意识地知道随时在发生的一切（包括微电影何时开始），以及有意识地知道我们在想问题时想的是什么。专注的思维活动训练激活了大脑的某些区域，促发健康情感。

训练专注，有两套技巧可用。第一套技巧是正式的专注力练习，练习时你可以留出一段时间练习专注力，这是所谓的默想。第二套技巧不需要付出时间，称作非正式专注力练习技巧，或称为专注力行动技巧。这两套技巧，目的都是训练你的大脑思维保持状态不要走神。根据印度教和佛教哲学，默想是改变你大脑思维的注意力，将注意力集中到某个物体上，在大脑走神时使其重新回到原来状态。你可能听说过印度最古老的内观禅修方法，即佛教用来凝神屏气的一种技巧。呼吸处于有意识和无意识的神经系统之间。默想时，你只是静静地坐下，将注意力专注于呼吸的进出。这样做的时候，不要去控制你的呼吸，自己意识到呼吸的进出就好。当我们把注意力放在呼吸上，就自然地呼吸，呼吸平静下来，大脑思维也就平静下来。

还有一个培养专注的技巧，被称作声音专注。静心坐下来，倾听周围的声音。不要去确定和归类声音的来源。如果你注意到大脑在走神，要知道大脑这会儿在想什么，然后将注意力转到正在倾听的声音上来。

当然，如果你留不出空余时间的话，你可以将注意力集中于你每天的身体反应，以此提高专注力，就是这么简单。例如，开车时注意一下你握方向盘的力度，或者，闲下来听音乐时，注意你所听的音乐。你也可以在某个特定情境中将注意力集中到呼吸上，比如，等他人回电话，或者等红灯，亦或是散步、听音乐或是穿衣服时等等。你知道你在跟他人争论时你的呼吸或者声调是什么样的吗？开始关注这一切。作为主体，你能够训练你的大脑思维，知晓在你身上正在发生的一切，因此能够针对特定情况选择更加客观的反应。

这里的关键是，你要找到适合你的方法。对我自己来说，我的方法是将注意力集中到我的呼吸上，即使是几秒钟的时间，也会使我旋转的大脑静下来。这种方法也帮助我将注意力集中到触觉上，我留意脚触地的感觉，或者在开会时留意手指间相互触碰的感觉。我练习一边让自己留意自己的触觉，一边对周围所发生的事保持清醒。

一个非常有效的技巧是"打断旋转法"，即当你发现自己在做出情绪化的反应，而又无法摆脱时，就打断旋转的大脑思维。有一位女行政领导曾经讲过，每当她感到无所适从，要做出或说出事后感到后悔的事或话时，她就站起来，走两步，或者喝杯咖啡。这个做法对她很管用，于是她将这一“打断旋转法”技巧用到了她的员工身上。每当她发现某个员工为自己辩护而抵抗她的观点时，她就停下来，然后邀请那个员工跟她一起去喝杯茶。情况往往是那个员工的情绪发生了转变，他们之间的谈话更加有成效。我们的大脑会不停地转啊转，有时转得叫人很不舒服。许多人都说过，大脑一旦转起来，就很难停下来。有时周五发生的某件事，给你带来了不安的感觉，而这件事在你的脑子里转一周都挥之不去。专注的话，你会清醒地感到你的大脑运转，然后将其打断，这将帮助你在那一刻更加客观。清醒地知道是什么引发了大脑运转，你就能在做出反应前及时停下来，这一点很关键。练习四将帮助你辨认这些触发器。

经验教训

意识到了你的触发器这一点还不够。在停下、纠正倾向、更客观地应对后，还有重要的一点是事后要反思所做反应的原因，这样才能保证你看清问题。例如：我签了5年独家销售协议后，外交官提醒我要多加小心，当时我很清楚自己还是有点紧张的。但是我思路确实不够清晰，而且还有些担心。尽管当时继续在美国进行产品发布没有错，但之后我应该对我所担心的事情进行反思，并且应该客观地评价我所做的所有选择。更加客观的反应应该是，我还应该考虑到国际上其他独特饮料产品，并将它们引入到我不断壮大的销售渠道中。我后来才明白，我们的触发器不仅能在当时引发我们的情绪反应，还能经常给我们提供反思和做出更好决定的机会。要把你的这些触发器看作是有价值的信息。

行动计划四

要在当下保持客观，就要求活在当下，这样你才能意识到你的触发器。触发器是心理上对经历的回应，是预示“失去理智”的先兆，即杏仁体劫持。写下你的触发器：

1. 在发怒之前你有什么感觉？

____

____

____

2. 垂头丧气之前你有什么感觉？

____

____

____

3. 哭泣之前你有什么感觉？

____

____

____

回答以上问题，并且在其他感情触发你不够客观的应对前，记下引发这些情绪的感受和原因。

____

____

CHAPTER 06

CHANGING YOUR MIND: IDENTIFYING AND SHIFTING LIMITING MENTAL MODELS

·第六章·
转变有限和无效思维定式

到目前为止，希望你一直在练习如何能在当时保持更加客观，给你自己创造所需空间，不至于发出那样伤人的邮件，或者轻易打发你的同事。作为一个更加客观的领导者，我希望你能够在当下保持清醒，对你可能给出的潜在假定提出质疑，培养新思维方式，迎接每天的挑战。

本章中，我们首先探讨“客观框架”中第三个组成部分的内容，即长期客观性。尽管每天处理各种各样的事情并做出更加客观的反应，会由此产生理想的结果，但是要想成为一个真正的客观领导者，首先要求我们确定和转变给我们带来限制且无效的思维定式，这些思维定式往往驱使我们做出无效反应。简要地说，我们的思维定式构建了我们的世界，为我们过后感到后悔的许多过度反应和自动反应埋下了伏笔。这些思维定式能使我们陷入过去的思维方式和行动方式中，使我们朝着与我们的目标相反的方向行动。所以，本章中，我们首先探讨转变问题。大脑神经的可塑性确实为我们提供了重新将神经网络与新思维方式相连的机会，这将增加我们的成功系数和幸福感。

学习革命是一种对抗有限和无效思维定式的有效过程。荷马·约翰逊针对思维定式做了广泛研究，他将革命式学习定义为“批判性反思个人行为和该行为的潜在假定，开发新方式，更有效地理解和应对环境的过程”。他强调，当对某些事件感到茫然时，往往现有的思维定式会受到挑战，从而促使思维定式的改变。例如，我们都知道，损失了100万美元肯定会驱使一个人重新进行思考。专注力帮助我们达到想要的效果，而革命式学习则帮助我们找到根源，即驱使最初反应的思维定式。

一般思维定式

因为许多思维定式都是潜意识的，所以确定它们就有难度。开始做的时候，有一个方法，即观察最一般的思维定式。2010年，我在巴布森学院一个研究项目就是研究思维定式在管理、领导力和决策制定方面所起的作用。我们提出的假设是特定思维定式对个人行为和专业行为都会产生影响。有些思维定式总体上有意义，有些没有意义。我们认为对个人没有作用的思维定式是可以转换的，或者说思维定式是可以通过一系列活动、技巧和工具获得的。调查设计了以下问题：

> 1. 工作环境中什么样的思维定式占据了主导地位?
> 2. 思维定式可以转换吗?
> 3. 即使在个人不知道其存在的情况下，思维定式能够转换吗?
> 4. 通常是什么促使思维定式转换?
> 5. 思维定式的转换如何影响专业行为，即管理实践和领

导作风？

6. 巴布森客观性培训课程如何能够有效帮助确定和转换有限和无效的思维定式？

我们开展了网络调查，又对几百人进行了访谈，还跟学生和培训班学员进行了一对一的交流。结果发现，似乎存在一些普遍的思维定式。以下这些听起来有些熟悉吧？

■ **外部评判型：我需要他人喜欢我，认为我聪明。**

如果你跟大多数人一样的话，你就非常在意他人如何看待你。在我们的调查中，62.2%的人回答，他们的自我价值与他人的想法密切相关。我们容易忘记的是，每个人对他人的即时判断、分类和回应都基于头脑中思维的影响。他人经常对我们的评判和回应方式其实与我们根本没有关系。想象这样一个画面：我从一个身材高挑的女士身旁走过，她穿着一条灰色的裙子。立刻，我就觉得我不喜欢她，而且避开她。为什么会这样？因为，她让我想起了我三年级时的一个老师，她让我背诵《解放黑人奴隶宣言》，我不会背。那是我感到最尴尬的一次，那位老师的形象至今都深深地刻在我的大脑里。每次我看到穿灰色裙子的高个子女士时，我的大脑里就会出现那个尴尬的画面，所以，我现在一碰到让我想起那个老师的人，我的第一反应都是负面的。我们的大脑此时此刻做出的反应，与过去所经历事情的记忆有关。问问你自己：你承受得起花时间去担心别人对你的第一反应，而这又很可能与你没有任何关系吗？还有，你承受得起花时间让他人对你的看法影响你对自己的看法吗？

遗憾的是，我们许多人对此都无法摆脱。在社会心理学家查尔斯·霍顿·库利和韩-乔吉姆·舒伯特合著的《论自我与社会组织》一书中，他们将这种现象叫作“镜中之我”，并将此现象总结如下：“我不是我所认为的我，我不是你所认为的我，我是我认为你所认为的我。”在许多情况下，我们选择与那些我们看重和尊重其意见的人相处，心理学家将此种现象称作“内部群体”，我们从这些人身上寻求认可和评判。这个内部群体的意见变成了我们评价自己和自我接受的基础。问题是（以我们现在所掌握的情况看），如果你将自我接受建立在你认为他人如何看待你的基础上，那么你将会很脆弱。你的自我概念没有真正的基础。如果他人今天玩得很开心，看到你时的反应是友好的、肯定的，你就感觉好；反之，你就会想你哪里做错了。我们经常会努力让自己的形象像我们认为他人希望的那样，但是，因为我们真的不知道他们希望我们的样子是什么样，于是我们就先确定我们认为他们希望我们是什么样子，然后努力去表现出那个样子。而这注定不会成功。

我们以乔纳森为例，他是一个非常精明的白人男子，刚过30岁时，就是一家金融服务公司的高级分析师。乔纳森曾说，他的幸福在相当大程度上建立在他人对他的看法上，对此他很难过。这种常见经历的隐患之处是，我们想从某些人那里寻求评判，而这些人也想从我们这里寻求评判，因此我们都被社会化了。乔纳森后来这样描述他的外部评判型思维定式：“我总是从他人那里寻求评判，特别是在工作中，这样我就知道我做的是对的，而且走在正确的轨道上。如果没有得到他人的认可，我就会自动地想，他人不认可我，于是我就开始怀疑自己的行为和信念，就会觉得没有安全感。”

正如我们前面所看到的，这个问题出在我们对于他人如何看待我们的假定往往是错误的。如果他人对待我们的行为是我们不想看到或不期望看到的，我们就认为这个人对我们不友好，于是就觉得应该看看自己到底做了什么事冒犯了他们。

一家全球保健公司高级项目经理，40岁的苏珊这样描述她的经历：

我在一家全球知名项目公司担任项目经理，我和我的团队负责通讯基础设施升级，将此与全球32个国家的卫星办公室相连。大家的眼睛都盯着我们的团队。结果是，我每天都在压力下保持镇静，一步步完成项目。因为这个项目令人瞩目，所以我的经理也亲自上阵，我每天结束时都要给他发封邮件，汇报进展情况，这样他也能向他的上司汇报进展情况。由于这个原因，他对我的所有邮件都加以回复，这样我就觉得很紧张。

以下这些问题经常在我脑海里出现：我的经理对这一步的结果是否失望？是否有人给我的经理打电话告诉他说我把事情搞砸了？我是否弄错了期限？我错过期限了吗？这些只是当时惶恐时脑子里闪过的问题，不幸的是，接下来，还有更糟的想法。我决定去我经理办公室看看是否出了什么差错。

当我走近经理办公室，到了拐角处时，听到门“咣当”一下关上了，就在门关上的那一刻，我看到了他的脸，感觉他的脸上露出难看的表情。我的恐惧程度又上升了一层。难怪，我自己这样想着，我完了。我永远无法完成这个项目了，我再也无法获得其他项目了，也许到不了周末，我就得离开这里了。

我立即给周围的几个同事发了短信，想让他们帮我出出主意。他们的回答一般都是这样的：“我没有好的办法，他今天心情一直不好，他总是随意摔门，看样子我们都得被辞掉了。”我站了起来，再也忍不住了。如果我已经把事情搞砸了，他至少应该当面跟我说清楚。于是我就去敲他的门，他开了门，问“怎么了？”他正在打电话，告诉我放下电话后会叫我到他办公室。我带上门，离开了。

是的，没错。我想他是得到了同意，要辞掉我，这事不会超过20分钟。过了1个小时，我坐在桌前还处在恐惧中时，他给我打电话，让我到他的办公室。我的脸严肃了起来，开始严阵以待。

我走进他的办公室，坐下来。几乎同时，他说：“今天太糟糕了，我的妻子要带我女儿去看急诊，因为女儿的克罗恩病又犯了，我1小时后要离开去跟她们会面。”我的表情放松下来，道歉说刚才不应该敲门打扰他。他说：“没什么，我摔门你可别多想。”他笑了笑，尽管我还在担心他可能会笑话我，但还是放松了下来。然后，他就开始祝贺我最近完成的项目，说这个项目是个里程碑式的项目。

听后我很高兴，对他表示感谢，我说要不是听到他的反馈，我还不能这么快下这个结论。

我听过无数这样的故事，即“在这些情况下，我看到了，因此就应该是这样，但最终发现不是这样。”这种情况下，最好的结果是我们白干了几个小时的工作，要气疯了；最坏的结果是我们无法挽回我们的声誉和职业。

■ 竞争型：我一向将自己与他人作比较来确定我的价值。

许多人都是这样做的，但结果往往是对自己感觉糟糕。我们的价值感是相对的，是基于他人做得如何。有些人感到他们办公室里的每个人都是他们的竞争对手。他们不得不表现出更加睿智，要比他人取得更好的结果，这样才能自我感觉良好。对于某些人来说，这种情况成了他们的必需，而且总是认为这是对的。有些人不断地辩论，令人厌烦地要证明他们的观点，即使他们的立场站不住脚。事实是，我们许多人都被社会化了，认为如果我们不是那个最好的，如果我们不管做什么都不是那个顶尖的1%，那我们就是做得不够好。为进一步加强这个普遍的思维定式，社会又对每件事都建立了一套竞争等级体制。

让我们来看一下业绩评论。我们许多人终于发现，如果我们得不到“超出期望”等级或在1—5等级中得不到高于3的等级，那么我们不仅拿不到最高奖金，也得不到升职，甚至是得不到加薪。许多高中生所接受的教育是，如果他们的GPA达不到4.0，入学考试分数达不到百分位的99分，在体育方面没有显示出领导能力，没有参加俱乐部的话，他们就什么大学也上不了。如果我在一家生物技术研究公司上班，

经验教训

对我来说，这个外部评判型思维定式的展开有所不同。我的自我概念与我所扮演的角色分不开。你可能还记得我的故事，开始时我是“美国运通小姐”，后来变成了“果汁夫人”。我如何评价我自己，以及我认为他人为什么看重我、欣赏我，在某些情况下爱我，都有赖于我所做的工作，我所扮演的角色，我所拥有的头衔。我的自我概念缺乏根基，建立在随时可能发生变化的角色上。正因如此，我总是脆弱的，这样说的意思是，不管是什么角色，我都要抓住，我需要他人来评判我的自我概念。现在回过头看我在南非的6个月里给南非外交官发的传真，一想起我那么频繁地给被我打动的人发传真，就感到尴尬。对外部评判的需要确实有可能蒙蔽我，使我不能有效地减少供应商的风险。我构建自己世界所借助的镜头全依托于我的角色，因为，如果不是这样的话，我不知道我是谁。产品多样化经营是个更好的经营模式，但是，或许在我看来，这样做不会允许我拯救南非。对于社会企业家来说，重要的是你必须首先具备可持续的经营模式，即使你的社会使命感强烈而有意义。

我周围的每个人都有PhD和MBA，而我只有PhD的话，那我就不够好。

这种竞争等级体制使人筋疲力尽，而且很早就开始了。以下是两个人对他们所展现的这种思维定式的描述：

> 胡安，30岁左右的男性，来自南美，无法追随其大多数同伴所接受的传统教育和职业轨迹。尽管他跟他们一样优秀，或者在某些方面比他的大多数工程工业领域的同伴更优秀，他依然感到竞争型思维定式给他带来的影响。他这样说："我一生都要竭尽全力，达到更好的条件（赚更多的钱），这样我才不会觉得低人一等。要想达到这个目标，我大多数时间都用在了工作上，而没有花足够时间与家人待在一起，也没有花足够时间关注自己的身体。"
>
> 苏灵，快30岁的亚洲女孩，时常感到来自家庭和社会的压力，她这样说："在我所处的文化中，对我的评判基于我自身的表现和与他人的比较，我养成了以他人表现来评判自我表现的习惯。我同时还养成了对良好表现的偏见，即如果他人没有说我足够好我就是不好。基于这些偏见，我离不开外部评判。"

■ 完美型：我做任何事都必须完美。

在最近的一次高级女领导培训班上，有一位女士举手说："我的思维定式是完美主义者思维定式，希望完美是个良好思维定式，是吧？"我回答道："你能说说你的完美型思维定式吗？"她回答说："我筋疲力尽，我孩子不跟我说话，我丈夫要离开我，我快失业了。"我说，"那么，这个思维定式显然不怎么好。"

她同意了我的观点。问题的重点，不是你的思维定式从经验上来讲是好还是不好，而是那个思维定式是否对你起作用。如果你认为所采纳的思维定式好，但是对你不起作用的话，这样的思维定式就没有意义。完美型思维定式，对这位女士显然不大起作用。然而，我们许多人都在这种思维定式中挣扎。有些人甚至在自己面前设置障碍，这样他们就能克服障碍，以此证明自己是完美的。甚至当他们超出了自己上司或同伴的期望时，还对自己不满意，他们不断地为自己设定目标，不断挑战自己超越目标。他们不断越过界限。

卡罗琳，一位二十五六岁善解人意的年轻女子，正在读研究生，打算将来从事金融业。她这样描述她的完美型思维定式：

> 在我的记忆中，我总是要求完美，我的朋友、同事、亲人以及我自己都认为我毫无瑕疵。我的完美主义形象如同一把伞一样，遮住并引导我生活方方面面的思想、行为和目标，包括专业的、个人的和社会的等等。我认为，完美是我的第一要务，这种想法塑造了今天的我，包括好的方面和不好的方面……我强烈地认为，我的完美主义（即每天我所选择的生活方式）以及我的个人价值是到目前为止达到我许多生活目标的最基本理由。我的完美型思维定式经常决定了我要“做完一切”——完成所有的课后作业、跟朋友一起吃饭、每周去体育馆、保持干净整洁的房间，即使是在时间紧迫的情况下，依然如此。另外，我完成任务的时间总比他人长，因为我觉得花时间长和出色的工作是相关的。每次按时成功完成一项任务后，我都感觉自己还没有尽最大努力。我的完美型思维定式也给我设立了一个障碍，即我达不到那种满足和喜悦的

> 感觉。我经常发现自己纠结于细节而不是全局，强调糟糕的一面胜过良好的一面，而且更多时候，对行为结果感到忧虑而不是自豪和满足。

以下是思维定式如何在沃尔特的大脑中展开的。沃尔特刚过40岁，结过两次婚，如今婚姻幸福，在一家大型工程公司担任项目经理，项目效益好，他也广受尊敬。

> 说到评价我自己，我对每件事都给自己设立了很高的标准。工作时，我非常卖力，要求结果。我对自己的工作感到自豪，总是奋力持续改进。这一点从我的升职和得到的奖金可以看出来。在家里，我总是尽我所能做个最好的父亲和丈夫。别人看到后都很羡慕我这样注重家庭。可以从两个方面来看完美主义的负面问题：一是，当有人对我的工作提出意见时，我总是为自己辩护，我的反应程度依据我所判断的他们攻击我的程度而定。理智时我也觉得有时不该把别人的意见看作是对自身的攻击。结果是，有人对我的管理提出了意见，认为我不该对他人善意的意见做出过度反应。二是，这种思维定式与我的孩子有关。对我来说，我的孩子都是最好的，所以他们总是如履薄冰。我对与孩子相关的不同看法总是很主观，我对任何有关孩子的批评充耳不闻。为此，曾与妻子关系紧张，在这个方面，她比我更客观些。我的完美型思维定式成了我需要解决的弱点，它使我缺乏本该有的同情心，特别是对我的妻子。另外，由于完美型思维定式，我有

> 时以我自己的标准判断他人。结果是，别人常常达不到我的期望，而我就变得挑剔他们。我确实认识到这样不对，我应该努力接受他们，不管他们是什么样的人。

下面是另外一个例子。罗杰，一个智商很高、竞争力很强的单身男子，30岁刚出头，最近一边在一家刚创建的公司上班，一边回到学校参加MBA课程学习。他这样描述他的完美型思维定式：

> 我用来描述自己以及他人用来描述我的另一个词是完美主义者。这是因为我对成就的需要，我总是想达到很高的成就。我对自己的标准总是比他人——老师、导师、家庭和同伴——对我的标准高。但是，既然努力、聪明和成就是我自我概念的组成部分，我就要竭尽全力为这些美德的实现付出一切。其中的一种做法是根据不同情况采取不同的冒险程度。我通常保持中庸，不要不冒风险，也不要冒太大的险。太小的冒险所获得的成绩会让我感觉不够好，因为困难程度太低；但是太大的冒险又会让我垮掉，因为我不想承担一个可能会失败的项目，或者至少是没有达到我自己目标的失败或我认为别人认为我没有达到目标的失败。有时，我对完美的要求几近着魔的程度，我会挥霍大量的时间思考工作或学习中的一个项目或思考一种解决人际关系的方法，其实可能我只需要快速高效地做出反应就能更有效地解决这些问题。

尽管成为一个完美主义者的最主要动力在于思维定式，但是有趣的是这样的一个思维定式在不同的人身上展现出不同的结果。所以，重要的一点是一种思维定式能展现出正负两面来。例如，在卡罗琳的例子中，她觉得她的完美型思维定式正面的一面是助推她成功，使她保持前进的动力和专注力；而负面的一面是，她觉得她的完美型思维定式是她获得个人满足感和快乐感的障碍。

■ **控制型：我一定能够控制我的环境。我的自我概念建立在我对人和结果的控制能力上。**

我们许多人都有控制的需要。在我们的调查中，接受调查的人当中有67%的人说他们对控制有强烈的需要；44%的人说他们的个人价值经常与他们控制环境的能力连在一起；而19%的人说他们的自我价值感与他们控制环境的能力更经常地联系在一起。我感到奇怪的是，这个比例不够高，因为我们都被社会化了。从我们很小的时候，我们就被告知重要的是结果。埃伦·兰格将这种现象称为“结果教育”，她说我们不够专注是其中的一个主要原因。“从上幼儿园起，上学就是为了达到上学的目的，而不是为了达到目的的过程。这种单一地对一个目的又一个目的的追求，从系鞋带到上哈佛，使我们很难对生活保持专注和客观态度。当儿童带着目标结果开始一项新活动时，就会问这样的问题‘我能做这件事吗？’或‘我不能做这件事怎么办？’，这些问题很可能主导一切，脑子里想的都是要么成功要么失败，这种教育不是启发儿童自然、积极的探索欲望。”

萨利，一位富有同情心的单身女士，刚过30岁。在一家大型非营利企业任职，工作非常努力。她的描述如下：

> 除了我的完美型思维定式之外，我还意识到我的思想和行动经常受到一个控制型思维定式的控制。为了达到完美，

> 我让我自己相信我能够对自己、他人及生活中某一时刻发挥作用的事物保持完全的控制。因此，我认为这在逻辑上是讲得通的，即通过遵循这个控制型思维定式，我应该能指导我的行为及我周围其他人的行为的结果。尽管我深知这个信念不现实，但是我的完美型思维定式和控制型思维定式使我产生了对这一信念的幻觉，结果是我把自己一步步引向失败。

迈克尔，接近30岁，一个热情英俊的年轻企业家。他的分享如下：

> 控制狂、事必躬亲、无法妥协、主观看待一切、固执，这些都是我回顾过去的工作经历时用来描述我自己的词，我认为他人也是这样看我的。我似乎总是想控制一切，或者控制一切结果，不管处在什么情况下。在有些方面倒使我成为了领导者，但是也不是没有消极的一面。在成长的过程中，因为我总感觉自己无法控制自己的人生，所以有时候，我就矫枉过正，将自己放在能够掌控的环境中。如果是我妻子开车的话，我甚至都不愿意坐在车里。

■ 缺乏安全型：我不够好——我不能接受真实的自己，我能力有限。

我在各个年龄段、各行各业以及各种职业地位的人（包括从公司总裁到高中实习生）中发现的最强大也是最普遍的思维定式是：我相信，而且从心底相信，自己不够好，我在某些方面能力有限，我不能100%地接受我自己，我还能够更好。令人不可思议的是，人们都很乐意公开承认这些。如此看来，这种思维定式是我们许多人最基本的思维定式，它潜藏着我们许多负面的思

经验教训

我控制结果的需要在我的整个经营过程中占据了主导地位。我设法让事情朝着我希望的方向发展。我希望别人像我希望的那样对我做出回应：例如，我希望其他供应商同意我的营销计划。我不是接受他们的不同意见，而是不断说服他们接受我的意见。我想让那些供应商按我的想法看待事情，按我的想法采取行动。我没有去设法理解他们的观点、动机，而是一直设法向他们证明我的策略和我的方法是对大家最好的。

想旋涡，即我们经常听到的尖锐的评判。这种思维定式成了我们自我概念的基础。每天你激励自己的频率是多少？你担心他人如何看待你的频率是多少？我们可能对自己很严厉，这可能是因为我们在内心深处觉得自己不够好。

以下是几个说明这种思维定式作用的例子。

阿妮卡，一个印度女孩，接近30岁，她的父母在她3岁时移民到了美国。她现在在一家著名技术公司担任销售行政工作，业绩出色。她这样描述她的思维定式：

> “我能力不够（不够好）”是我非常强烈的思维定式。在我成长的过程中，我父亲对我总是有些紧张和挑剔，一心想保证我走的是一条最好的路，这样我长大后就会有安全感、能够自己照顾自己。他的意愿是好的，但是他不断批评我，于是在我的大脑里留下了这样的概念，即犯错误是件很不好的事情。这个概念不断强化，等到我上小学时，这样的评判和批评更加严厉。离开学校后，我万分小心生怕犯错误，而且我也给自己强加批评的声音，以此保证能够不断提醒自己不要把事情搞糟，不要让不好的事情发生。这个声音非常严厉！

莎伦，一个非常聪明、能力很强的女士，快40岁了，在一家医疗仪器公司研究部工作，她认为自己“不够好”是与外部评判和竞争型思维定式有关：

> 我认为我有那个非常普遍、与生俱来的“我不够好”的思维定式。我总是拿我自己跟周围的人比较，而且总是发现那些人什么都比我好。即使是收到肯定的反馈我也感到不自在，因为我不相信别人对我的评价是肯定的。这种思维定式引发了一连串否定想法。例如，当我受到称赞时（或者是任何形式的肯定反馈），我立刻就变得不自在。我在自己大脑里寻找否定这些评价的理由，而且我的体语也明显表现出我的不自在。“他不了解‘真正的我’”或者“她错了，这只是一个偶然”诸如此类的想法就会进到我的大脑里。我难以扼制涌入的否定想法的洪流。

杰罗德，一个近40岁的伦敦咨询师，注册了非全日制MBA课程。他的描述如下：

> 我的主要思维定式是认为我不够好。这个思维定式驱使我在面对咨询工作中的某些情况时表现出主观倾向，但工作以外也受其影响，例如，在学校里。在许多类似的情形下，我总是担心达不到我的团队、导师、老师等对我的期望，因为我认为自己不够好。这种思维定式经常导致的结果是我的思维总是处于一种状态，即总是担心做得达不到要求，或者产生负面的后果，而不能将精力集中于所做的工作。一般情况下，大脑总是在想象一些根本不存在的东西。这种思维定式导致的结果是我对自己的境况感到不开心，由此使我的工

> 作和生活也不那么快乐。但具有讽刺意味的是，这种思维定式也让我不能尽可能有效地工作。

为什么我们许多人都因为这个相同的思维定式而苦恼？在经历了那件没有结果而且总是让我觉得自己不够好的事情后，我开始探索改变我思维方式的成因。在探索的过程中，我阅读了大量由社会心理学家、精神病专家、宗教领袖和哲学家提出的理论。最让我感到共鸣的是著名梵文学者达耶难陀瓦提的理论以及古代印度哲学维丹塔（吠檀多）。他的理论前提是我们人类都具有自觉性和自我评判能力。我们在幼年时，自我评判的唯一方法是观察看护人的眼睛。我们完全相信那个人，对于我们来说，他们如同上帝：全知全能，无处不在。我们的生存全靠这个像上帝一样的人。如果我们幸运的话，每天，我们的看护人就会抱着我们、抚摸我们、给我们洗澡，陪我们玩耍。我们感到安全、温暖和快乐。在儿童早期发展过程中，需要看护人在眼前，这样我们感到安全。你妈妈是否跟你说过"好了，好了"？当你能直视3英尺远看她的时候，听到妈妈的话后，你就有了信心，于是就往整个屋子里看，去探索其他东西。然而，某天，那个上帝般的看护人背叛了你的信任，或许是不得已，或许是不经意间，没有像往常那样关注你。情况可能是回家晚了，你饿了，他们没有一听到你的哭声就赶快来看你，或许情况比这个还糟糕，他们开门时脑子里想着别的事情，忽略了你。这时，这个无助的幼儿会怎样回应这样的变化呢？幼儿这个时期还处在认知能力的发展过程中，他们很可能感到是自己出了问题，因为他们赖以生存的全知的"上帝"是不会出问题的。

我们许多人在我们潜意识中都内化了这个不可避免的经历，将此理解为我们不够好。之后就在我们的神经网络上留下了不可磨灭的印象，每次感到失望时这种印象就加强一次。许多具有这种潜意识思维定式的儿童一再从父母处寻求认可，有的甚至非常依赖，总想得到看护人的确认，而不想离开他们半步。甚至到了成年时期，我们许多人都按照父母的期望或父母为我们设定的生活方式生活，因为父母的认可是我们自我价值的唯一基础。还有一些人寻求家庭外（如老师、其他儿童或其他成人）的认可。这种寻求认可的需要一般一直持续到成年时期或整个成年时期。这个理论与英国精神病学家约翰·鲍比的“依恋理论”非常接近。“依恋理论”的观点是儿童在早年成长期培养的感情安全感，或者感情不安全感，对他整个人生过程中的感情稳定性、自我形象及对待他人态度的塑造起了非常大的作用。

在客观性研究中观察到的最有趣的现象是缺乏安全型思维定式（如“我不够好”）与其他思维定式（如外部评判型、竞争型、完美型、控制型）的关联。如果我们回顾思维定式最重要的理论，即我们所相信的就是我们即将经历的，以及思维构成和加强了我们神经网络中的思维定式，我们就会发现一个有趣的关联。这个假设是，我们认为自己不够好时，心情很糟糕，为了补偿这种情况，我们就尽力培养其他思维定式、信念和行为。以下是几个例子：

1. 我要成为一个完美主义者，这样我就足够好了。

2. 我不能要求他人帮助我，因为他人的帮助意味着我脆弱、不够好。

3. 我的成绩要超过其他所有的人，要比他们都更出色，这样我就会感觉足够好。

4. 我要控制那些难以控制的一切——人、环境、事件等，这样我就会感觉足够好。

问题是“不够好”的情绪紧紧连在了神经网络上，这与小时候的强烈失望感有关。因此，很难进行简单的补偿。事实上，越想制衡某种思维定式，结果往往是越加强了这个思维定式。例如，如果你从根本上认为自己不够好，那么要成为一个完美主义者只能使这种情况更糟，因为从根本上就错了。如果你决定要控制他人、情况以及事件，而你又无法做到这一切，你就会感到挫败与无能，这个结果进一步加强了你不够好的思维定式。我们许多人都陷入了这种无限循环的自我困境。这一切都与我们大脑的思维构成有关，我们相信什么都是由我们的大脑决定的！关键是我们要认识到并去转变这种既常见又让我们受阻的思维定式。你可以改变大脑对你自己的想法，改变大脑对你所经历的一切的想法。你是主体。

既然我们已经明白了我们为什么会经常误读、误解和误判，那么我们许多人就不可能在自我判断时出错了吗？我们已经知道这个常见的“不够好”思维定式对我们不起好作用，那是否有可能是我们错了？是否我们许多人都有可能对自己的价值评判产生错误的感觉？我们每个人事实上都能足够好吗？这样想就太理想了！如果你在认知上、理解上认为自己确实足够好，并以此构建你的世界模式，那你的人生会是什么样的呢？让我们回顾一下，不要忘了我们对客观性的定义。客观性是指认识并接受“是什么”，而不是将我们的恐惧、思维定式、背景和经历投射到“是什么”上。因此，要想提高你的客观性就要求你去重新思考和重新构建你对自己的思考方式。

既然你已经对某些常见的思维定式有了全面的了解，并由此引发了你的思考，那么下一步就是确定你自己独特的思维定式，对其进行评估，然后转变那些对你不起作用的思维定式。

确定你的思维定式

要确定干扰你客观看待事物、客观做出反应的思维定式就要求你不断进行自我反思。这个反思的过程就是做本书中提供的练习，这些练习在我的班上和培训班里都得到了证实，非常有效。第二章中的行动计划一，要求你对做出不太客观反应的情况进行反思。问你自己，为什么你有某种感觉，有什么潜在的假定，为什么这些可以帮助你确定思维定式的有限性。例如，如果你工作中总是对他人给予评判，并想得到反馈，那这就是你的控制型思维定式在运行。如果你从邮件内容中读出的是否定的语气，认为别人总在批评你，那这就是你的完美型（或缺乏安全型）思维定式在作祟，这时“我不够好”的思维定式就可能主导你的反应。例如，你是否经常假设别人在应付你，或者不把你放在眼里？

你的世界观很大程度上是由你对自己根本上的所思所感决定的。正如我们所看到的一样，你的自我概念，其实是反过来由他人对你的看法，以及你认为他人对你的看法形成的。因此，反思二即第三章的行动计划二要求的，写下你对自己的看法和你认为他人对你的看法，然后反思你是否同意他人的意见。这样做可以让人们确定他们的首要思维定式，那些生活中驱使他们的思维定式。

第三个反思集中于你的思想，也在第三章行动计划二中。因为你是主体，你知道自己的思想，至少在每周这样一个时间段里写下你经常出现的想法。你总是在想些什么？你又总是重复想些什么？这些想法的语气是什么样的？这些对自己或他人，或两者皆有的想法是肯定和接受性的还是否定和评判性的？

另外，因为你了解自己的恐惧，所以第四个反思是通过填写第三章行动计划二中最后部分帮助你发现你的恐惧所在。写下使你恐惧的事情。正如我们所看到的一样，恐惧有时与外在的某人或某事相关联，是你对那个人或那件事进行的否定假定。当你所想所盼和现实间没有或可能没有关联时，恐惧就产生了。想一下你害怕什么，然后再想想你害怕的潜在假定是什么。还有，写下你当前生活中的所想和所盼，然后再写下每一个所想所盼会发生什么样的结果，如果你想要的结果没有发生怎么办。以下是这些练习的重复，供你复习使用。

行动计划一

评估你目前的客观水平，锁定你的主要问题（你何时比较主观？）

提高客观性的第一步是评估你何时所做的反应不太客观：

每天、每周或每月一般有几次过度反应？

每天、每周或每月一般有几次从自我角度看事情？

一旦你对所出现的认知错误有了认识，第二步就是锁定你的主要问题，即判断什么情况下所做的反应不够客观，描述一个职场中你应对不够客观的事例。简单地写下以下问题的答案：

所发生之事的客观现实是什么？

认识上的错误是什么？你当时认为发生了什么事？

你的反应是什么？

现在看来，当时应该如何恰当做出反应？

你付出的代价是什么？

针对你个人出现的某种情况再重复做这个练习。

行动计划二

你对自己的基本认识是什么？

你如何塑造自己的世界与你怎样看待自己具有直接关系。我们自我概念的形成，即我们如何看待自己，常常结合了我们对自己的看法和他人对我们的看法。因此，请记录下来：

1. 你如何看待自己，例如：我聪明，我勤奋，我友善……

2. 把你认为他人对你的看法写下来。

3. 对比你对自己的看法和他人对你的看法的区别，你认为为什么会存在这样的区别？

你对自己的看法塑造了你是谁及你的感觉，常常支持你的潜在思维定式。想想你的看法，了解你的看法，并将以下问题的答案记录下来：

1. 你思想过程的内容；

2. 你的思想是有倾向性的，中立的，还是没有倾向性的？

3. 如果你的某些想法严厉残酷，你想对自己说什么？

4. 那种想法的背后可能有什么样的潜在思维定式或信念？

5. 那个想法是真实的吗？

恐惧

1. 你害怕什么？

2. 什么样的思维定式或假定让你对此产生害怕？

3. 你想或期盼发生什么情况？

4. 如果你想的或期盼的没有发生，你认为会发生什么情况？

反思以下这4个数据点：（1）你不够客观应对的某个情况；（2）你如何看待自己，别人如何看待你，这两者的交集之处（如有）是什么；（3）你想的内容是什么；（4）你害怕什么，原因是什么。这些问题非常有助于你确定妨碍你的思维定式。

你一旦对这4个数据点进行了反思，另外还要对本章中提到的那些常见的思维定式进行反思：外部评判型、竞争型、完美型、控制型和“我不够好”的缺乏安全型。这些思维定式中的某个，或某几个结合在一起的情况你有过吗？以何种方式出现的？依据这4个数据点和常见事例，尝试去表达清楚对你已不再适用的思维定式。拿出一张纸，写下以下问题的答案：你关于自己和世界的真实且基本想法是什么？以下是研讨会和课堂讨论中提出的一些具体的思维定式。

1. 如果我有了小孩，我的职业将会蒙上阴云，别人会认为我不够敬业，并以此看待我的专业水准；

2. 我要在所做的每件事中都成为专家。能回答所有的问题意味着你有能力有才智。

3. 男人在任何人群中都要成为主导人物。

4. 时间和机会有限，所以我要抓紧时间做我想做的事情，否则就永远做不成了。

5. 只要有可能，要排除一切感情因素。感情因素会影响理性思维和正确判断。感情用事是脆弱的表现。正如人可以控制自己的身体一样，人应该控制自己不要感情用事。

你一旦能够清楚地表述自己的思维定式，下一步就是想想这个或这些思维定式是何时形成的。在我的班上和培训班里，我对学员们进行培训，帮助他们确定他们想首先改进或转变的潜在思维定式。我们运用那4个数据点，常常能够发现促使他们最终构建了他们世界的某个曾经发生的情形，有时一直追溯到他们的童年。这样的童年经历给那个人留下了深刻的感情印记，创建了坚固的思维定式，并在之后的记忆中不断得到加强。你对那个情形进行反思很重要，这样你能够理解并接受你在当时所做的潜在假定。你童年时所作的假定常常很有意义，不管那些假定是否真实。还有一点重要的是，你知道那时的你绝对单纯，而且在那种情况下也不可能得出其他别的结论，如果你有个跟当时的你差不多大的孩子，你可以问自己，我的孩子在这种情况下会怎么想？这些情形的出现是我孩子的过错吗？我的孩子能够得出不同的结论吗？一旦你能够看到这种思维定式的形成在当时的情况下是可以理解的，下一步就要下定决心决定它不再适合你，不要再通过那个镜头勾画你的世界。有了这个认识和自我接受之后，真正的转变就开始了。

转变思维定式的原则

一旦你确定了对你不再适用的思维定式，而且你又能够清楚地描述它，那么第二步就是转变你的旧思维定式。重要的是要认定现有的定式无效，将其否定，重新培养更加适合你的新思维体系或思维定式。

一个最强大的转变催化剂是知识，即挑战旧思维定式、旧思考方式的新信息、新逻辑。正如我们所看到的一样，思维定式是我们所依赖的一切根深蒂固的信念、观点和概念。它们伴随了我们一段时间，所以我们倾向于信任它们，而且在某种情况下，确实也无可非议。我不能告诉你你的完美型思维定式不适合你，你得运用自己的逻辑和理性，判定你看待世界的方式对你来说不再有效。这就要求你打开心扉接受新知识、新信息和新推理。只有这样，转变才能发生。西北大学神经科学院的马克·荣比曼，还有其他人，将其称为“顿悟”，他们用磁共振成像技术和脑电图扫描技术MRI研究其原理。结果显示，在顿悟的一瞬间，类似肾上腺素的一个化学物质被释放，一套新的复杂链接在大脑中建立起来。就是这些新建立起来的链接具有加强我们的思维资源、帮助我们转变有限思维定式的潜力。

为了促成顿悟，我运用以下客观性原则。这些原则都是我们能够直观理解的事实，它们可以通过我们的个人经历得到验证，然而，我们只是想当然地接受或排斥它们。这些客观性原则为我带来顿悟，而且对转变导致我损失了100万美元的思维定式极其有帮助。

■ 原则1：总有一些情况我们不喜欢。

我们都知道有些事注定要出错，但是一旦发生了不是我们所期望或盼望的事情时，我们就开始了那个叫作“为什么是我，为什么总在我身上发生”的微电影，我们开始回放记忆中所有最近出错的事情。我们有些人所做的反应是不想接受那个问题，或更有甚者，在那里异想天开，希望这个问题自己消失。当然，大多数情况下，这个问题不会自行消失。

为了有效处理日常问题，第一步是接受已存在的事实。接受“是什么”是采取正确行动的前提。拒绝接受是感情用事、主观反应的理想条件，我们已经了解了这样会产生什么结果。另外，拒绝接受问题存在的事实，只能引起一系列后续感情反应，使问题变得更糟糕。如果你客观地看待某一情况，你就能恰当地对其做出反应。关键是，问题发生时要接受它，不要从主观的角度看待它。

这个原则为学生提供了以下顿悟。玛丽是个约35岁的职业女性，在一家投资银行上班，非常专注于自己的职业。她的分享如下：

> 我将这个原则保持在思维的最前端，伴随着深呼吸，这一刻我处事就会更加灵活。我喜欢做计划，如果结果与计划出现偏差，我就变得很急躁。如果能记起这个原则的话，我不是去花大量的宝贵时间抱怨和怒斥我周围的人，而是能更容易地适应摆在自己面前的事实。除此之外，这个原则还会使我不管是在工作中还是私人生活中更加随和。

菲利普，40岁，IT行业的成功人士，对这个原则的反应如下：

> 这是每种情况都有所不同的另外一种说法，事情不会总是按照计划发展。这个原则特别令我沮丧，我发现我的思维定式总是最难以构建这个原则。我不会说我是一个完美主义者，但是我确实对我所做的一切感到自豪，所以我希望每件事都能顺利进行下去，在任何时候都是一样。对每一个能发挥我的优势解决问题的计划和想法，我都倾注了新尝试，所以如果事情进展不顺利的话，我就会感到非常沮丧。我感觉失望无助，我发现自己一看到事情没有朝着理想的轨道发展，就想大发雷霆。在我的大脑里，我知道没有任何一种情况能够按照计划发展，或者说某些情况原本就没有胜算的机会，但是当事情发生时我就是无法停止发怒，无法停止伤心。一般情况下，我认为如果我能接受不是所有的情况都能成功的想法的话，我就会更开心更放松一些，但这对我确实很难。

乔西，接二连三创立新公司的企业家，30岁。他是这样描述的：

> 这个原则确实改变了我对我自己及世界的思维定式，它让我的生活更快乐。我认识到，是否愉快地接受所发生的一切就是个选择的问题。没有人站在那里让我那样想，也没有人为我的思维状态负责。只有我能够改变我的思维状态以及对事情做出反应的方式。我看待每件事都是看其表象，认为这些事情会发生。有些是好事有些是坏事，但是如何将坏事变成好事得由我来决定。

■ **原则2：从根本上说人都是一样的，但每个人又是独一无二的。**

对这个原则的争论总是比较激烈，所以，重要的一点是要理解语境。“人类基因组计划”已经确认我们从根本上都是一样的！在30亿个DNA碱基对中，只有0.1%的碱基对能将我们每个人与星球上的其他人区分开来。我们除了在基因上的相似性外，从根本上讲，我们的基本需要和欲望都是一样的。每个人都想要健康、成功，有个好工作，过上好日子，有人爱，照顾好他们的家庭等等。有些人可能会说，这些普遍欲望都是我们DNA的一部分。在客观性的语境中，这意味着我们能够猜想每个人都是基于他们自己独特的经历形成自己的思维定式，进而以此构筑他们的世界。我们能够猜想，同你一样，每个人都有一个独特参考框架；同你一样，其他人都是通过他们可能不知道的思维定式在思考和行动。例如，许多人都有“自己不够好”这样常见的思维定式，他们试图期望达到完美来最大程度地减少这种感觉。我们许多人在寻求某人给自

经验教训

我明白客观性包括接受这样一个事实，即别人看待世界跟我看待世界的观点不一样。我当时认为我的供应商看待事情跟我的观点是一样的，我是这样考虑问题的，我们的公司负责引领美国海关和食品药品监管局对产品进行认证，帮助供应商进入美国市场。我们当时对美国市场的占有率已经达到75%，开通新的销售渠道还会继续保持这样的记录。供应商不会伤害他们最大的销售商，这根本不可能！

然而，这件事在供应商身上却成了可能。或许在美国任何一个行业的经营中通常不会伤害最大的销售商，但这是在美国的情况，问题是我们不知道南非的经营惯例。保持客观就是要认识到每个人都有自己的参考框架和观点。最重要的是，不管在什么样的关系中，无论个人关系还是职业关系，都要能够理解彼此的参考框架。保持客观就是要提出疑问，探清他人的动机、假定、结论和信念等。

己作评判，告诉我们，我们一切正常。许多人担心他们的健康，他们的孩子或者他们的职业。当你也这么想的时候，我们从根本上就是一样的。

我们许多人面临的一个困难挑战是控制他人的欲望。当某人没有按照我们的要求行事时，我们许多人就会感到沮丧。我们想让他们跟我们一样，跟我们一样看待世界，对我们的回应如同我们对他们的回应一样。当我们发现无法改变他人时就会生气，但是这个生气的真正原因是我们不能接受人从根本上都是一样的这个事实，也就是说，他人那样的做事方式是由于他们自己独特的参考框架造成的，是由于在他们的神经网络上的硬链接造成的，这就如同你之所以那样回应，是因为你大脑中的硬链接造成的一样。

保持客观意味着理解并接受人从根本上是一样的事实，让他们做他们自己。如果你期望别人符合你的愿望，那么这就是你无法达成的期望，自然让你感到生气。如果他人不改变，你不要设法去改变他们，对他们发脾气，客观性要求你做的是理解和接受他人的观点或参考框架。接受这个原则，让别人做他们自己，你就会在工作中建立更多的合作关系，工作更快乐，而在家庭中也会保持更稳定持久的家庭关系。

帕特里夏，30岁的职业女性，一位母亲，这样描述她的顿悟：

> 理解并接受这个原则对我的职业产生了很大影响。每当我跟别人商讨问题或更改原来动议时，我都设法进行换位思考，因为我会想到有时我也会完全忘记了我的上司也有其思维定式，也会因为情绪化以某种方式处事，而这些都跟我没有关系。例如，我所认为的缺乏冒险、领导才能，或是事必躬亲，都可能是由许多思维定式引起的。认识到他人也有类似的处事方式，思想有时也有可能搭上“疯狂列车”，就能让

> 我更加看清事实，即那个“是什么”，而不是将我的思维定式投射到一切上面，让我自己搭上那辆“疯狂列车”。

劳伦斯，一家公司的律师，快50岁了，已婚男士。他对这个原则的适应有些困难。他说：

> 如果结论是人从根本上都是一样的，虽与我这一生中所听到的人人不同的说法相悖，我也（通常）能够接受。我认为，说到人的不同需要时，我们都是一样的。任何一个人都想得到安全稳定，都想有家庭或融入到社区，都需要食物和水等。现在想到这些，我认为，我平常都没有想过人从根本上都是一样的。工作中，如果某人做事没有达到要求，或没有像我那样做事，我就会有那么一点想法，那个人本该这样做为什么要那样做呢？我倾向于苛刻一些要求他人，如果我认为某人没有我认为的那么“努力”，我就会情不自禁地要挑毛病。但到了这一天要结束时，我发现几乎每个人都是为了他们的家人在工作，都是为他们的孩子挣口饭吃，都想为他们创造更好的生活。等第二天早上再上班的时候，我就会尽力记住人从根本上都是一样的。我认为这样做，我就会把别人往好处想，而这样做的时候，我就会变成一个更加强有力的领导者。如果大家都能为彼此着想，那我们就会有一个更强大、更高效、更成功的团队。通过“人从根本上都一样”的镜头看待他人的话，我认为我就有可能改变看待他人的某些思维定式，这样的话，我或许对他人就不会那么挑剔了。

■ **原则3：我们永远无法控制行为结果。**

你是否承接了某个项目，尽了全力，但是结果没有成功？几乎每人都有这样的经历。我们许多人认为，只要付出努力，结果只有两种，要么成功，要么失败。是什么在控制结果和成功或失败的程度？事实是我们无法控制隐藏的变量，那些未知的事情和那些无法知道的事情。准备好应对这些隐藏变量的唯一方法是做好需要做的一切和对结果保持客观的态度。令人尊敬的维丹塔学者达耶难陀瓦提将其称为客观性瑜伽，即众所周知的《薄伽梵歌》卡玛瑜伽。我们许多人面临的挑战是我们已经被社会化：（1）以结果而不是努力的过程来衡量自己；（2）以结果而不是努力的过程来衡量他人。

保持客观性意味着理解和接受你对隐藏变量的控制具有局限性这一事实。但是，我们完全可以控制对我们的行为及其执行的选择。此时此刻我们唯一能做的就是竭尽全力，对事情结果的所有担心都改变不了结果。但是，一般情况下，我们想的不是手头的任务，而是未来的结果，例如：如果我失败了，就买不了那所大房子了，或者是，如果我失败了，就不能供孩子上大学了。要想获得更好的结果，就要将精力集中在此时此刻，将我们所有的注意力都集中到我们所选择的行动上，然后再去执行。

辛西娅，年龄在35岁左右，育有三个子女，是一家呼叫中心的负责人。她对该原则的顿悟如下：

> 我确实认为我能控制自己的行为结果。每当我以某种方式行动时，我就能提前预知结果。我能够想象出别人对我的行为能采取什么样的应对方式。如果我对别人友好慷慨，他们就能意识到这一点。如果我帮助了别人，我就会被升职。

> 但当我的期待没有结果时，这些期待就会令我感到失望和伤心。下一次再发生同样事情的时候，这种失望和伤心的经历就会导致我采取不同的行为。我唯一能做的就是控制我的行为。我永远无法控制他人如何对我做出反应，无法控制我自己的行为结果。接受这一现实后，当我希望的结果没有发生时我就不会感到失望和伤心。这种结果的发生常常存在某些因素，那些是我无能为力的。如果我为某人做了某件事，他忘记说谢谢我，或者如果我认为自己能升职，但结果没有升职的话，我不能往自己身上想，认为这是自己的问题。他人很可能想别的事而忘了对我说声谢谢，或者我没有升职是因为公司在裁员，或者我还会有其他的机会。我所能做的就是保证我尽力做到最好，不去管结果是什么样子。接受这个原则，还有前面的两个原则，将会使我更加善待自己。如果总把事情往自己身上想，而事情又不在我控制的范围内，我伤害的只能是自己。我这才开始注意到我应该从我的字典中去掉“应该”这俩字，没有“应该”，有的只是“是什么”。要保持客观性就是要接受“是什么”，然后继续前进。

弗朗西斯，在当地一家高中当老师，已婚并有一个儿子。他说：

> 重要的是我们的行为，除非我们做出正确的选择，否则我们遇到问题时很可能会出现不好的结果。事实是，我们不能控制选择和行为的结果。明智的做法是，告诉自己，有比我们更强大的力量，这样我们就不会再因为我们无法控制那

> 些结果而给自己带来压力。我们所能做的就是尽量做最好的选择，期待最好的结果。这些年来每次忘记了这个原则，忘记了我无法控制周围世界时，不管我的选择和行为有多好，总是给我带来巨大压力。过去，我做了选择和采取行动之后，就开始有压力，我会想是否能获得我最想要的结果。这么想的时候，就会变得焦虑不安。我逼得自己发疯，将一切再重新思考一遍，不知道自己做得对不对，心想万一我期望的结果没有出现的话，会发生什么情况。多少年来，这种思维定式给我带来了很大伤害，因为如果事情没有像我期望的那样发生时，我就感到我自己很失败。现在我知道，事实不是这样的。最近，我将注意力只集中于我能做的事情和我每时每刻的选择上。这样做意味着，我不再为将要发生的事情而感到紧张。如果事情的发展没有像我最初渴望和期望的那样，我也能够感到快乐。事实是，除了自己的行为外，我几乎控制不了什么。

■ 原则4：万事相互关联。

如前所述，要想提高客观性，我们就要重新思考和重构我们看待自己的思维方式。商业经营上经历了重大失败后，我明白了要改变游戏规则，重新衡量和接受自己。我开辟了一条推理通道，即重新建构自己世界的新方法和认为自己足够好的新思维模式。这个新思维模式成了新我的基石，让我不再像过去那样依赖外界评价。这一原则点燃了我顿悟的火花，使我摆脱了困境。以下是我改变一切的推理思路。

作为人类，很显然，我们不能选择我们生活的世界，也不能完全控制这个世界。地球每天都在运转，太阳每天都在发出能量，世界某处大洋温度的变化影响着其他地区的天气变化，如此等等。世界万物都是相联的，每件事的发生都有其原因，都跟其他一切相联。另外很显然的一点是，一切生物都是相互联系和关联在一起的，每一个生物的出生、成长、发展直至成熟都有其内在的能力。例如，毛毛虫生来就具有使其成为蝴蝶所需的内在变体能力。再比如，每颗橡树籽里，生来就具有长成一棵橡树的潜能。每颗橡树籽里，都有潜在的根结构、枝结构、叶子结构和功能结构（随着叶绿素的损失，树木的颜色发生着变化），以及使其长成橡树的一切潜能。以上仅仅是我们自然界固有潜能的两个显而易见的例子。对我来说，最重要的是认识到同样的互联性和每个人生来就具有的潜能。你想想看，你无法选择你的性别、种族、父母及其社会经济地位，你无法选择你的兄弟姐妹，你在哪里出生等等，你也无法选择你喜欢什么，你擅长什么。突然某个时候，你意识到你喜欢巧克力，不喜欢利马豆，擅长运动等。但这些都不是你选择的，他们就那样自然发生了。这就如同太阳、月亮、引力、弱力、强力、电磁力以及生活中其他方面一样，本来就存在。我对一切存在，即万物相联相关的事实作更深一步挖掘时，想起了上小学时上过的一堂有关光合作用的科学课。光合作用即植物和其他有机物将光转换成能的过程，通常转换的是太阳光，转换成化学能，释放后为有机物的活动提供能量。这一化学能储存在碳水化合物分子中，如糖，通过二氧化碳和水合成。大多数情况下，氧气作为废弃物被释放出来。光合作用保持了空气中的氧气量，合成有机化合物，为人类生活提供主要能量来源。所有植物、水藻和某类细菌不仅能进行光合作用为自己的生存提供能量，它们的作用和目的还对于每个人及其生存至关重要。尽管这只是一个例子而已，但是却对我起着决定性的作用。因此，我将这一切都装进大脑。如同自然界其他一切一样，我们每个人生来就具有独特的能力和潜力来表达自己，我们的目的和功能都与其他一切相联。现在我终于明白了。我对自己说，我拥有独特的天赋和专业技能，而且我的目的和功能又与他人及其他一切相联相关，我怎么可能不够好呢？这让我脑洞大开，我开始以不同的眼光看待自己。但是，坦白地说，内心里我还是希望我没有损失那100万，毕竟，我朋友中还没有哪个人，损失了100万后不得不重新开始。我心里明白我拥有关键的天赋和技能，但我还是很难接受“为什么会是我”。我虽然明白这一切，但是仍然特别想知道到底发生了什么，是哪个环节出了问题，我在哪些方面可以做得更好等等。我给自己打气，但需要承认的一点是，有时候，我的思想会不自觉地转向去指责和谴责他人。一段时间后，我意识到，如果我沿着这个方向想下去的话，最终伤害的只会是我自己。除此之外，毫无意义。另一次顿悟的出现是当我开始意识到，甚至我们的处境与成败，痛苦与损失（顺便说一下，这些都不是我们的选择）都在继续塑造我们，帮助我们完善我们的潜能，而这些也都是与其他一切相联的。于是我下定决心，不再追问为什么会在我身上发生这样的事情，问题是这个经历可以帮助我成长，而这个是我可以选择的。

许多人都讲述了他们童年中的痛苦经历，甚至是回顾这些经历时都带着愤怒与失望。我们需要理解的是，如同我们自己不能选择我们的种族、性别、眼睛的颜色、头发的颜色等等一样，大多数情况下，我们也无法选择或控制我们的处境。没有人选择要一个精神有问题的父母，没有人选择要一个先天愚钝的姐妹，也没有人选择要目睹一场夺去朋友性命的可怕事故。这些事都是“是什么”的一部分，而且这些事也都塑造了我们。你的处境是塑造你不可缺少的因素。重要的是不要只是去想那些反面的后果，而是还要去想那些导致这一后果的思维定式，以及你从这些经历中可能会获得的技能和独到的感悟。例如，莎伦，刚过30岁，一位杰出、善良的女性，她的母亲精神异常，她从很小的时候就要学会自强自立，而正是因为这一点，也成就了她日后成为一名出色的企业家。拉尔夫，刚过40岁就是一位非常成功的工程师，生活在有缺陷的家庭里，很小的时候就被迫承担重担，但是这使得他变得颇有主见、可靠、独立。不管你要面对什么样的处境，接受它，并将此看作“是什么”的一部分，可以促成你独特经历、天赋和潜能的一部分，这也就是客观性的关键之处。

我的又一次顿悟让我清楚地看清了拿自己与他人比较是欠缺逻辑性的。如果要使自己保持清醒，那么拿自己与他人相比，在自己的大脑里重复播放我要从头开始，别人为什么不用这样，这不公平这样的微电影是毫无益处的。因为我完全接受了我确实足够好的新思维定式，接下来我就要重新思考我与他人的关联之处。其他任何人与我的大脑构成都不一样，甚至是我的同胞姐姐（她喜欢牛奶巧克力和花生酱，而我喜欢黑巧克力，讨厌花生酱）。事实是，我们每个人都是独一无二的，我们的能力、处境以及目的都不相同。这就使我清楚地明白，我们的能力来自于对自己各个方面的提升。在思维定式中投射我们认为他人想要我们做什么和期待我们做什么，不利于我们能力的提高。我们要做的不是将自己与他人相比，感觉自己无能，而是要看重和接受自己，因为我们拥有独特的长处、天赋和经历。不管我们是什么，我们都是独一无二的。我们不同的DNA，我们不同的出生地以及我们所出生的家庭，这一切都塑造了独特的我们。我这样对自己说：我跟一个同胞姐姐一起长大，我有两个非亲兄弟，我的父母都要上班，我怎么能跟一个在加利福尼亚长大，独生女，并有一位全职母亲的女士相比，而认为自己不如她或不够好呢？

这样想不仅可以帮助我走出困境，而且给了我重新站起来的自信。现在我能够看到我独特的天赋、技能甚至包括由我的处境所塑造出的有时令人讨厌的癖好。客观性就是能够看到和接受“是什么”。你是其中的一个部分，它中有你。

我已经能够完全接受并欣赏我的一切，包括我所损失的那100万。你能够想象得到吗？尽管当时感到极度痛苦，难以接受，但是现在想，如果没有损失那100万，我现在也不可能是最幸福的这个人——在巴布森学院教书，写下客观性一书。对于我来说，这个原则改变了一切，我现在把自己看作造物主的一个杰作。现在，每天早上我要做的唯一的事情是，起床，然后每一刻都做最好的自己，全方面地提升自己。当然，有时结果会发生变化，有时我感觉累了，有时别人感觉累了，但我都不去控制这一切。我的自由和快乐来自于我知道万物相联相关的道理，来自于我知道在这个世界上我的能力是客观性的体现——我就是我，看待和接受现在的我，而且无畏地做我自己！

这第四个原则可以从以下几个人的分享中看出其有效性。

凯茜，刚过30岁，是一家地方新闻站的记者。以下是她分享的顿悟：

> 有时，我很难接受我是宇宙运行以及“是什么”不可缺少的一部分。有些过去发生的事情，例如，与我父母间激烈的吵闹，还有订婚的解除等，这些都在我的头脑中形成了“我不够好”的思维定式。这种不健康的思维定式使我不能保持客观性。有时，我希望能够改变我的过去，但现在我开始接受我自己了，我是谁，我来自哪里，这些都跟我生活中发生的每一件事情有关。而且，我有意识地接受这一切时，我心里更加平静。例如，读本科时在不同学校间转学，最后到了史密斯学院。我非常喜欢这个学院，我过去常常想，要是能在这个学院里上四年学而不是两年半就好了。然而，几次转学时认识了一些最好的朋友，如果不是因为转了几次学，我

就不可能认识这些好朋友。最近，我在想我目前的恋爱关系。一想起上次的分手，痛苦依然不减，然而，我现在已经能比较容易地接受了。要是没有那次分手，就没有现在的交往，要是我和前男友没有分手的话，或者我没有再开始约会的话，我就不可能有现在的男朋友。

写下这些相互关联的事情，让我感到快乐，也帮助我接受我是谁，以及我生活中出现的新情况。我开始看到不是“我不够好”，而是我如同一件不断完善的作品，遇到的每个情况都塑造了现在的我。我选择处理事情的方式决定了出现正面或反面的结果。我越是保持客观，就越可能满足于出现的结果。

乔治，非常能干的股票经纪人，接近40岁。对其顿悟描述如下：

理解了我是“是什么”的一部分以及一切都是互相关联的，可以让我记得去接受我是怎样的一个人，我在哪里，以及专注于我要去哪里。不管从个人还是专业的角度看，我感觉记住这一原则可以让我不再像以前那样羡慕和嫉妒别人。我无法改变我的成长经历，或改变其他人的成长经历，所以，我不应该花精力去改变它，或者花精力空想不同的经历。这样考虑这个原则的话，就会让我重新思考我“我什么事都不能做到最好”的思维定式，还会让我在刚要跟他人作比较时停下来。我是一个个体，是世间一切的一个部分，我要尽我所能做到最好。

■ 原则5：差异不是我们选择的。

你的肤色是你选择的吗？你的性别是你选择的吗？你的父母、你的经济地位都是你选择的吗？对这些问题的回答当然是不是。那么为什么我们，为什么我们人类对自己和他人那些无法控制的事情妄加评判和指责呢？人类基因工程现在已经毫无异议地证明，基因差异数即使是在两个关系最远的人之间也非常少，大约占DNA总数的0.1%。所以，我们有何理由去恨别人，有何理由不能包容别人，而这些人除了那些外在的他们所不能选择的差别以外，实际上跟我们没有多大差别。我们怎么能从制度上去限制某些群体的规范——他们应该有哪些权利，他们应该过怎样的生活，接受什么样的教育，享受什么样的医疗保障等呢？好好想想这些吧！这样做从根本上就是不合理的。

遗憾的是，我们看到许多人习惯性地拿自己跟他人比较，以此断定自己的价值。我们的思维定式告诉我们，为了让自己感觉好，就得让别人“不如”我们好。而我们作的那些比较都是我们最外在的方方面面。如果要是想让自己感觉比他人好，自己足够好，那就一定要对外表与我们不同、行为与我们不同的人妄加评判、妄加指责吗？

现在，这条推理思路无法否认或减少许多群体所经受的痛苦和被歧视的历史。那么，如果我们对主观上的排他性进行正确限定的话，这个历史就会成为学习革命所需的知识和经验不可缺少的一部分。不要因为你是个无力选择的群体的一员（这在你出生前就注定了）而感到可耻，也不要因为歧视了他人或对他人做出了不齿的恶劣行为而感到可耻，你要认识到我们都有可能出现顿悟。

我们讲过，转变不再适合我们的思维定式的关键是改变动机。或许歧视的悠久历史，以及我们面对主观泛滥后果时感到的不公和厌恶感，能够成为改变我们的催化剂，而不是成为我们感到内疚和可耻的理由。我们的对话必须转到对以下原因的探讨上，即为什么基于破坏性偏见采取的行动不再适合我们，为什么以更加包容的心态看待他人能为我们的个人生活和职业生涯带来益处。正如转变所有的思维定式一样，转变偏见也需要时间，但是，更重要的是，我们有愿望有责任这样做。值得庆幸的是，根据研究发现，当人们具有足够的动机时，他们就能进行自我学习，抑制偏见，效果非常明显。甚至即使IAT测验是空白，没有内隐关联显示。

要想成为一位客观领导者，就意味着不以他人无法选择的外表差别对他人妄加评判和分类。要想成为一位客观领导者，就意味着要辨认出社会对肤色、种族、性别等形成的思维定式。这种社会思维定式会造成不公反应，进而削弱创造、包容和合作。要想成为一位客观领导者，就意味着你对“是什么”的回应是选择性的回应，即使那个人的相貌可能跟你有差异，但他/她的独到见解和思路对于你的组织机构会非常宝贵。如同你希望别人尊重你，希望别人给你个性自由一样，要想成为一位客观领导者，就意味着你给予他人自由，让他们成为他们自己，让他们充分表达自己，无论他们的外表、宗教或其他方面与你存在多大差别。经过一段时间后，你就能基于这样的现实建立一个新思维方式，它将帮助你对所遇见的每个人做出恰当反应。

我发现许多人没有认识到他们独特的技能、天赋和才能。相反，许多人特别擅长投射错误意象，按照自己认为应该做的去采取行动，他们不知道与自己相关的事实，不知道他们是谁。这会让人感到很恐慌。许多人发现本章中的行动计划五很有意义，通过练习可以让他们记住他们独特的天赋和才能，并将这些天赋与才能和他们自己联系起来。这个练习可以概括为：

写下你最爱自己哪些方面。什么使你感到愚蠢，什么使你感到快乐？想一下你曾有过的时刻，那些不做任何评判也不抱怨，只是快乐地沉浸在其中，不做任何改变的时刻。当你对正在经历的事情不做评判时，那一刻你会感到很快乐，你完全属于你自己。下一步你可以问问身边从小一起长大的人，问问他，你小时候是什么样的人。你喜欢什么？你玩什么玩具？你是个友好、温和的人呢，还是很容易紧张的人？人们经常可以从看护他们的人那里发现他们是谁的最核心部分。最后一步是，写下你最爱自己哪些方面，你认为哪些是你的核心天赋。答案不是来自他人的评价，也不是你跟他人比较得出的。一般情况下，每人都能想出几件自己感觉良好的事情。

要想保持客观就要求你对你是谁，你是什么样的人有深入的理解。对自己进行反思，认可自己的长处和局限。只有认识到那些长处和局限都是“是什么”的一部分时，你才能真正地保持客观。许多人走上了一条自我发展的道路，想要修正某方面。其潜在的假定是他们自身出了问题，由此在其神经网络上进一步加强了对自我概念的否定。保持客观意味着接受现在的自己——以自身的能力和愿望继续成长，完全发挥你的潜能。这样做是你与生俱来的本性使然。请记住这细微的差别，它将有助于达到你所追寻的新成长与新发展。

支持你的新思维定式

运用这些原则激发出你顿悟的火花，对于转变你的旧思维定式起着至关重要的作用。要想进一步促进这个转变的过程，重要的是要将这些顿悟与否定旧思维方式和旧行为方式的新经历联系起来。这会很有趣。你的大脑，在自动导航的情况下，一般会支持已有的思维定式。如果你在想某个能否定你旧思维定式的经历，你的大脑就会出现一些零星数据，让你相信你的经历确实支持你的旧思维方式和行为方式。但是，如果我们学会控制我们的评价过程，并且有意识地将这些概念和假定带到我们的前额叶进行评估，我们就能重新培养大脑做出不同的反应。

具体地说，如果你正在按照这四个客观性原则反思你的思维定式的话，那么想一些你曾有过的能支持你新推理思路的经历。例如，如果你正在转变你的控制型思维定式，你突然间想起了原则3（你不总是能控制你的行为结果），然后，你在反思中，设法想起或写下来曾经出现的那些情况和经历，其中有些无法知道、无法预测和无法控制的因素影响了其最终结果。更重要的是，记录下你从这些经历中所学到的经验以及如果类似情况再次发生时你要做的事情。

改变你的反应，重新连接你的神经网络

这些原则、顿悟以及与经历相连的每个环节都在帮助你有意识地摈弃旧思维定式，接受新思维定式，紧接着是将之付诸行动。你现在的目标是让新思维定式启动你的行为——不是原有的那个无效又有局限性的行为。下一步是回到你已经确定的对你不再起作用的那个思维定式，写下那个思维定式引发的触发器、行为或思想，然后再写下一个新思维方式和新反应方式。记住，转变思维定式的关键是干扰由旧思维定式所驱使的自动反应，并按照新思维定式做出不同反应。每次你能够这样做的时候，你都要松开大脑中的旧回路，创造新神经链接。有意识地知道你的旧思维定式是如何被引发的，以及这个旧思维定式如何激发了当前行为是你重新链接神经网络过程的第一步。以下是几个例子：

旧思维定式	当前行为/触发器	新思维定式	新反应
生活中的一切都是由常规和习惯构成的，它们是安全的来源。	我设法控制一切人和事。如果别人没有按照我的方法思考和做事的话，我就会妄加评判、不耐烦。 触发器：我感到生气、沮丧，像要爆炸一样。	我不能控制一切情况，特别是那些无法控制和无法知道的情况。我自信自己能够处理好一切阻挡我的情况。人人都有自己看待事物的角度，如果我想成为一个优秀领导者，我就要考虑这一切。	停下来，静待一切，不要想下一秒会发生什么，不要设法去控制它。要更有耐心，看看他人的思考角度，多去发现他人观点的可取之处。
我需要外界的评价和认可才能感到快乐。 得到认可是我生活的主要动力。我要成为明星！	不断需要外界认可让我感到焦虑，总是寻找下一个能获得他人认可的事情去做。我经常嫉妒别人工作做得好，或得到了升职，或得到了机会。 触发器：我着急时心跳加速，整个人都发热。	我具有认可、评价自己的能力，我对自己的天赋和才能有信心，并可借此成就我的一生，因此，我不需要借助他人认可我的价值来感到快乐。	我将会问自己做这件事是为了自己还是为了得到他人的认可。如果不是纯粹为自己，那我就不做了。我将会对别人取得的成绩给予赞赏和认可。
我认为我每件事都要做到最好。	我给自己太多的压力，造成了自己的紧张与不安。我与他人作比较，有时羡慕别人，有时憎恨别人。 触发器：我感到心情沉重，有时感到恶心。	不管每天面对什么情况，我认为唯一要做的就是尽力做到最好，而且不管发生什么我都能接受。	我不会去打听别人怎么做，我只专心于自己的表现，尽自己最大的努力。

如果你每次做出的反应不同，你就能将新神经元连在一起。要想使新链接继续发挥作用就要求专注和专心。术语“专注强度”指的是在某个特定时期内将精力集中于某个特定思维经历上。对某个特定观点和思维经历的关注程度越高，专注强度就越强。有了足够的专注强度后，大脑新回路就稳定下来。个体想法可以成为组成个体身份的固有部分，这将永久改变看待世界的方式和大脑的工作原理。神经科学家将此称为“自我导向型神经可塑性”。

挑战是需要时间的。在这个过程中，会出现一些情况，触发自动反应。专注有助于你在那一刻做出更加客观的反应，而在这之后，也有助于你通过你的新大脑镜头反思那些出现的情况。

帮助你增加专注强度，形成新思维定式链接的一个自我反思工具是认知重构，这一技术用于认知—行为疗法中，对负面思维模式进行确定和矫正。它可以改变焦虑情况下产生的诸如“他们认为我无聊”等自动负面思想，代之以更加理性的信念，如“我无法了解他人的想法”，“他们可能就是累了而已”，等等。思想不断经受挑战和质疑，其引发忧虑的能力因此降低。认知重构中，你有意识地控制评价过程，保证结论准确无误，不带有任何偏见。下面过程的每一步被证明非常实用有效。

1. 反思一种情况或一件事，如：曾经发生了什么事？将你的大脑在那一刻的想法逐一记录下来。你当时对这些想法的感觉是什么？你是如何做出反应的？

2. 你的想法中可能出现的认知错误是什么？这些想法的思维定式和偏见是什么？这些想法和思维定式后面有着怎样的潜在假定？

3. 可以用什么样的新思维定式取代这个旧思维定式？哪一种顿悟可以帮助你重新思考促成你做出反应的那个旧思维定式？你曾有过的哪种经历可以支持你的这个新思维定式？哪些新想法可以支持这个新思维定式？

4. 冥想新思维定式时你有什么感觉？保持这样的正面感觉，持续几分钟。

运用这个新思维定式你下一次将如何反应?

转变思维定式是一个过程，它需要时间、精力和专注力。有些思维定式相对来讲比较容易改变。在接受调查的学生中，69%的人说他们思维定式的转换比较成功，而25%的人说他们思维定式的转换非常成功。所有的人都说思维定式的转换需要动机和专注力。接受调查的学生中有63%的人说他们不断有意识地在进行转换，而19%的人说他们每周对转换反思一次。在转换对你无益和带来限制的思维定式时，最理想的结果是，你开始看到事物真实的样子，由此做出的反应也更加客观，而这也将成为你坚持下去的动力。

重要的是开始时要慢慢来。思维定式涉及我们生活的方方面面，驱使我们做出各种不同反应。选择一种思维定式，首先改变你生活中的某一方面——最好是不能搅乱你的生活。例如，彼得是一家法律事务所的运营总监，他的思维定式是非常强的控制型。他首先改变的是开车上班。他需要改变的控制型思维定式是，他每天到了公司后都会生气和疲惫。他会表现出来，而且别人也能听得出这种生气和不耐烦，主要原因是开车上班路上那些驾驶员的驾驶方式造成的。他注意到这是因为他总想控制一切。现实是，大家一般都不在早上5点起床，也不在固定时间出门，因此都不会把车开得慢些。这些人上路后，不打转向灯随意变道，边开车边打电话，或者涂口红，这样就迫使他不得不放慢了速度。这使得他很焦躁。他开始提醒自己他无法控制交通信号灯的交替模式，也无法控制他人如何开车。他这样推理，也许他们跟他一样也急着去上班。他决定先转换这个控制型的思维定式，于是他比原先早点出门，走一条风景比较好的路，将注意力集中在握方向盘上。几周后，他再到公司上班时，心情就很平静、注意力专注，做事从容不迫。

转换思维定式过程中绝对关键的是要善待自己。记住你的旧反应方式已经形成硬链接，它需要时间、耐心和专注力才能转换。每次对自己失去耐心、对自己的反应感到失望时，你都加强了一次“你不够好”的旧链接，而这个链接正是你要重新建立的。不要跟自己的思维过不去；相反，要与它愉快相处。发现自己又像平常那样做事时，就一笑了之；承认思维的这种自然现象，而且相信你迟早会改变它，因为你是主体。另外，你有能力改变你的思维方式。行动计划五将帮助你确定你独特的天赋和才能，这样你就能学会如何更加客观地看待自己。

行动计划五

发现了你的独特天赋和才能，你才能学会对其进行评价。

1. 写下你最爱自己哪些方面。

____

____

____

2. 什么使你感到愚蠢，什么使你感到快乐?

____

____

____

问问身边从小和你一起长大的人：

1. 你小时候是什么样的人?

____

____

____

2. 你喜欢什么?

____

____

____

3. 你玩什么玩具？

4. 你是个友好、温和的人呢，还是个严肃、紧张的人？

写下你最爱自己哪些方面，你认为哪些是你的核心天赋。答案不是来自他人的评价，也不是你跟他人比较得出的。

| 第四部分 |

客观思考在商业环境中的应用

PART 4：THE OBJECTIVE LEADER

CHAPTER 07

CREATING INCLUSIVE ENVIRONMENTS

·第七章·

建立包容环境

到目前为止，我们已经了解到我们如此经常地对形势做出过度反应，以及从个人角度看待事情。遗憾的是，由于我们缺乏客观性，导致经常误判以至于做出不当回应。正如我们所看到的一样，领导者调用、激发、管理和发展他人，衡量领导者的标准是他们所取得的成绩，这就依赖于他们激发、管理和发展他人的方式。无一例外，在对公司进行绩效评估时，管理和领导技巧是核心评估指标。我们面对的挑战是经常误判他人——有时误判是基于他们的相貌、着装或者是说话的声音。实际上，在我们对客观性进行的调查中发现，有75%的人回答他们误判他人的频率是至少每月一次或超过一次，调查还发现，23.4%的人说他们误判他人是基于他人的外表，这种情况每月至少有2~3次，9.4%的人说每月一次，17.4%的人说每周2~3次，而4.7%的人说他们会误判别人，都是因为仅看其外表，而每天都有这样的情况发生。

误判不仅影响了我们能力的发挥和领导的有效性，而且对于管理全球公司，寻求在人员、文化和习俗存在差异的新兴市场上建立和维持商业关系的领导者们来说付出的代价更为惨重。当然，对于在美国人口多样化不断加剧的情况下，寻求劳动力多样化竞争优势的专注国内市场的公司领导者们来说，同样会削弱他们的辛勤付出。问题是，你误判他人的频率有多少，付出的代价是什么？

一位公司总裁说："作为全球领导者，我们都明白商业中出现的多样性和包容性情况，但对我们来说学会如何有效领导多民族团队，从多文化角度研究解决问题和制定决策的方法势在必行。这个问题在于，我们许多人认为多样性和包容性如同一个税项一样，我们都要对待它，但没有人愿意谈起它。"

如果我们将谈话限定在客观性的框架下，并将此作为有效领导力的核心能力对待，你们还会认为这是一个税项吗？全球包容性与客观性会谈，一开始就要承认我们都有偏见，无论男女，无论哪个教派还是无神论者，无论是非裔、亚裔还是白人，无论是异性恋、同性恋还是变性人，无论是健康人还是残障人等等。思维的本质是，当我们谈到文化，或其他任何与他人不同之处时，它就会以完全相同的主观方式对一切做出回应。前面我们已经学会了我们不能跟思维发脾气。

当我们看到一个与我们不同的人时，我们的思维立即就能捕捉到这种差异。这不是问题，无需感到惭愧，无需指责。问题是下一步，我们将思维定式投射到所观察的差异上。这个投射形成了我们对那个人的主观判断，经常是偏见性判断，或是成见性判断（好/坏，喜欢/不喜欢，恐惧/信任）的基础，然后就驱使我们对其采取行动。这里潜在的危险是，我们很少质疑驱使我们对遇见之人做出主观反应的这些思维定式。如同我们能够提高应对不同情况和不同事件的客观性一样，我们也能提高应对人的客观性。

我们已经知道，客观性是指在不将思维定式（包括成见和偏见）投射到所观察的物体上时如何看待和接受"是什么"的能力。而在这种情况下，"是什么”是一个与我们不同的人。客观性帮助我们接受那个人，并对他做出慎重、有意和有效的回应。要想提高我们的客观性，应对不同种族、性别、性取向、年龄等方面的问题，我们必须明白潜在的偏见是如何形成的，以及它们如何驱动我们的主观性使我们陷入旧思维方式和旧反应方式的圈套中。

我们都有偏见

哈佛大学教授马扎林·贝纳基和华盛顿大学教授安东尼·格林沃尔德进行的内隐偏见研究“内隐联想测验（IAT）”，非常令人震撼地验证了一个事实：“我们一直在运用成见，却不知道其存在。尽管我们许多人认为我们对任何群体都没有偏见，但是我们大脑的活动显示结果却与此相反。”

IAT测试了我们对肤色、年龄、性别、残障以及其他许多方面的潜意识态度。这项运用计算机进行的测试要求被测试者快速对两个同一属性的概念进行分类，左手按下e键，右手按下i键（例如：对“养育”属性下的“男性”和“女性”进行归类）。对测试结果的解释是，易配对（反应快）在记忆中的联想比难配对（反应慢）更强。尽管这个结论仍然存在争议，但是从第一批450万测试数据中可以看出：

1. 人通常不知道自己有内隐偏见。普通人（包括设计这项测试的研究人员）隐藏与各种社会群体有关的否定联想（即内隐偏见），即使是他们诚实地（研究人员认为）表达自己没有这些偏见。

2. 内隐偏见预测行为。从简单的行为如友好、包容，到重要的行为如评估工作质量，那些内隐偏见值越高的人显示所持歧视度越大。

3. 内隐偏见程度因人而异。内隐偏见有个体差异，差异可能与成员在团体内的地位，或团体在社会中的主导地位，或者某个人有意识的态度等有关，偏见程度不同与他们所处的环境存在直接联系。

最后一条清楚地表明了内隐态度受经历限制。

无所谓可耻，无所谓指责

2014年，许多人一谈到种族、性别以及分离主义就要用到可耻和指责这样的关键词。全球大公司总裁的话是有道理的：如果话题转到妇女运动、公民权利运动，或者最近经常提到的对待男女同性恋者不公的话题等，就没有人想要讨论。如果你要再加上宗教，那就更让人感到不舒服了。

问题在于，许多人知道自己对这些问题有偏见，认为这种想法可耻。当我们对自己的偏见感到可耻时，我们就倾向于否定它，为自己辩护，并且远离它。要想成为一个有效的领导者，我们必须学会接受这个事实，即我们的本性决定了我们有偏见，不仅仅对种族有偏见，可能对任何与我们不同的人都有偏见。我们不要再彼此指责，不要感到自己可耻。我们必须对彼此的行为负责，而且有意识地选择更加包容地应对一切。

如果我们希望在这个多样的世界上成为有效领导者的话，就有必要了解我们的偏见。在许多针对公司的培训项目中，我运用IAT测试帮助公司领导者有意识地了解他们的偏见，并引导他们逐步改造他们的偏见。如上所见，要想改造我们的思维定式，首先要承认它们的存在。有趣的是，对我们来说这是个困难的经历。即使许多学员从道理上了解到有偏见并不可耻，偏见可能是在他们四五岁时形成的，但当他们得知自己可能对非裔美国人、肥胖人群或老年人有偏见时，还是感到尴尬。这是可以理解的，大多数人不喜欢认为自己有偏见。我们一般都愿意认为自己公正、客观、心胸开阔。以下是对行政人员进行IAT测试的结果反映的共性经历：

有位白人男士得知他的IAT测试结果显示他在白人和黑人之间没有偏向后，就感到放松和骄傲。他笑得很开心。我问他在哪里长大，他说他父亲在国务院供职，他跟世界上其他国家的孩子一起长大。他经历中的关键之处是，当他建立联想来解读其环境时，他所面对的世界里有不同种族、不同民族以及不同宗教背景的儿童。他四五岁时的思维里不基于这些属性作任何判断和联想，因为对他来说，这种存在各种差异的现象是正常的。

有位白人女士的测试结果显示她在白人和黑人间对白人有所偏向，她承认自己感到可耻。她说她一直有意让自己的孩子接触多样性儿童群体，因为她想让他们学到差异的价值。尽管她在行动中尽量避免偏见，但在潜意识中可能还存在偏见。她说她是在一个全是白人的环境里长大的，而上学时学校里大多数又都是白人。她的经历中的关键点是，她的联想建立于她的成长环境，而在童年时她不可能得出其他不同结论。重要的是要使她和其他像她这样的人消除顾虑，他们有偏见并不可耻，但是他们必须要谨慎行事，不要让他们的偏见启动歧视行为。对于她来说，这种情况一定不会发生。

有位非裔美国男士，勇敢地承认他的IAT测试显示他在白人和黑人之间偏向白人。他对此感到震惊与尴尬。他说他有意识地让自己的孩子接触非裔美国人的正面榜样，例如，为他的女儿们购买黑人和白人两种芭比娃娃。他还说，在他的成长过程中，他经常接触的都是黑人的反面形象，无论是在

> 他的成长环境里，还是从新闻媒体中。他的测试结果说明了成长过程中媒体的力量以及媒体对潜意识偏见的进一步加强作用。重要的是要使他消除顾虑，告诉他我见过许多类似的反应，其中有的人对其生活的人群都有偏见。有些女性上班时感到矛盾，因为她们将女人与家庭联想在一起，将男人与事业联想在一起；还有些老人，他们认为自己和其他老人没有什么用，因为在年轻人和老年人之间，他们自动倾向年轻人；还有些肥胖的人，他们倾向瘦人，他们的观点主要受社会思维定式的影响。

上文中最后两个例子对帮助你理解如何改变自己，使自己成为更包容的领导者非常有益。你的有意识大脑能将你带离来自隐藏大脑（潜意识）里的偏见。显然，那个白人女士有意识的价值观和选择，将她带离了以白人为主导的成长环境所形成的任何潜意识偏见。同样，这个非裔美国男士，尽管他的成长经历导致他对其同族产生了偏见，但他也有意识地决定以不同的方式进行思考和采取行动。

贝纳基和格林沃尔德说过：“我们能在一定程度上影响我们所接受的教育和我们的信仰，我们能影响思维意识不强时的状态。我们能够决定我们是谁，能够决定我们希望成为什么样的人。”这个说法太有力了！如前所述，你是主体，你所经历的一切对你来说都是客体，不是你。你能够决定对所经历之事作何反应，即使是遇到了不喜欢的人。遗憾的是，我们必须承认，我们有许多人对自己的偏见感到可耻，想方设法去战胜它；还有一些人认为他们的偏见有道理，想加强它，他们无意改变这些偏见。现实是，我们固有的主观性经常得不到遏制，容易产生可怕的后果。

主观泛滥的危险性

2012年特雷沃恩·马丁—乔治·齐默曼枪击案是偏见没有得到遏制而造成致命后果的痛苦案例。

> 特雷沃恩·马丁，是佛罗里达州迈阿密花园市的一个17岁非裔少年。事情发生时，他从一家便利店出来，手里拿着一袋糖果和一瓶饮料，走在回家的路上。乔治·齐默曼是小区志愿看护人，他认为特雷沃恩形迹可疑，因为他是黑人，并将连帽衫的帽子戴在头上。乔治·齐默曼不顾警察劝阻，自作主张开枪打死了特雷沃恩·马丁。2013年乔治·齐默曼被起诉二级谋杀罪和杀人罪，但被宣判无罪，这一判决在美国国内引发了另一场种族对话。作为对齐默曼判决的回应，我当时在《赫芬顿邮报》上发表了一篇博客。我在博客中说，我认为对黑人年轻人形成的普遍社会思维定式影响了该案件中许多相关人员的反应和行为。我认为齐默曼看到黑人年轻人，带着连帽衫的帽子，就自动判断他不是好人。我认为是这种不受克制的偏见驱使他做出了莫须有的行为。事实上，我认为齐默曼的行为、桑福德警察局的反应以及陪审团的最终判决都是主观泛滥的后果。

社会给我们带来的挑战是，如果我们的主观得不到遏制，就会触动歧视行为，由此就形成制度化和结构性现象。我们可以清楚地看到我们的社会一遍遍上演这样的一幕。例如，对非裔美国人的思维定式遍及全社会，以至于到了人口明显分割的危险程度。这可以从惊人的辍学、监禁和死亡率中得到证实。这一切以及其他种族、性别、性取向、宗教分歧等等都将可能继续存在，除非作为人类的我们，及时遏制住我们固有的主观性，展开一场如何让我们变得更客观的对话。

既然我们不受遏制的主观性能对群体产生严重后果，它也能成为商业经营的风险。今天的商界领导者能承受让偏见左右自己对客户、供应商和合伙人做出决定吗？如果我们有75%的人每月至少有一次对他人做出不公判断，这会对我们的商业经营产生多大的影响？这要使作为领导者的你付出多大代价？

主观性，以及基于无意识偏见采取行动的倾向性，都是商业风险，是企业忽视不起的。例如，在许多案例中，许多销售人员根据其无意识的偏见采取行动，根据顾客的肤色对潜在顾客的价值做出假定。有一个著名案例发生在2013年，在一家苏黎世精品店里，有个售货员粗鲁地拒绝为奥普拉·温弗瑞提供服务。显然，这个售货员没有认出奥普拉，认为她是个黑人，即使看中了一款3.8万美元的手提包也买不起。这种不受遏制的主观性在奥普拉走出商店的那一刻，就让商店损失了3.8万美元。同时也让他们付出了名誉资本的代价，因为这件事持续发酵，他们被迫公开道歉。还有一个例子是，2013年梅西百货店纽约分店被一些黑人妇女控告种族歧视罪。无数顾客曾说，他们购买昂贵商品后被单独与他人分开，甚至被扣留下来，被怀疑是小偷。2014年梅西百货支付了65万美元才平息了那场纠纷。而在这之前的几天，巴尼斯纽约精品店刚支付了52.5万美元的诉讼费和罚款，原因是顾客和前雇员接二连三投诉巴尼斯门卫阻止少数民族顾客进入，启用商场监控装置跟踪这些顾客在商场内的行踪，经过9个月的调查做出了上述判决。显然，无意识的偏见是商业上的重大风险，在以上这些案例中都证实了所付出的代价。

还有其他一些情况，对商业经营同样有害，但损害程度可能无法估量。最近，我跟某私人银行和投资公司的CEO一起组织了一场高级领导人客观性研讨会。我们探讨的一个主要问题是，他们改变了对财富管理目标客户和企业家的形象设计。他们以前的思维定式是，成功的企业家是白人、男性，着职业装、系领带。银行家都是这样的。结果是，那些不符合这个形象设计的有钱企业家开始回避他们，并最终将其业务转移到了一家包容性更大的机构。财富管理执行官在这一业务中开始失去市场份额，他们需要重新思考对成功企业家形象的假定，重新思考吸引他们，为他们服务的最好方式。

还有另外一个例子。美国运通公司CEO肯尼斯·切诺特在2013年的一次领导力会议上，赞扬合作伙伴——波士顿一家推进多样性对话的非营利组织。他谈到了克服无意识偏见的重要性，并认为美国运通公司有必要雇用经理们重新评估和改变他们对其组织机构主要人力资源和IT专业人员的潜在假定。他的管理团队学会了适应现实，即使他们的技术无可挑剔，因为许多技术领域的年轻专业人员都不再保守。他们不再靠无意识的偏见和对外表的假定对人才进行评价。

以上只是列举了无意识偏见带来风险的几个例子。这种缺乏客观性的情况让你的业务付出了什么代价？失去了收益、人才还是产能？而且，更重要的是，我们的经营如何能有效地减少这种风险？作为一个客观领导者，进行一个无意识偏见风险的内部评估是很有帮助的，内容可涵盖以下几点：

1. 通过焦点小组和焦点调查，对员工的敬业程度进行评估，内容包括包容性、创造性和创新性。

2. 通过呼叫中心记录和其他客户反馈机制估量与客户的互动情况。

3. 对混合客户进行分析，断定公司在特定人群中是失去市场还是没有获得市场。

4. 评估供应商基地的多样性。

5. 对战略伙伴的实力进行评估，可行的话，包括国内和国外，评估其忠实度、价格弹性、亲善度，断定是否存在造成误解或猜疑的无意识偏见。

扭转偏见

一旦对商业偏见进行评估后，下一步就要帮助你的员工确定和转变他们的潜在偏见。根据普渡大学社会心理学教授玛戈·蒙特斯所做的研究，“对自动成见的解决办法存在于成见形成的过程。通过练习，人们能够弱化外族少数人和否定成见之间的关联，而加强外族少数人与有意识肯定信任之间的关联。”正如提高客观性框架里所说的那样，成见过程中的短暂停顿，为有意识的摒弃偏见转而信任，提供一个机会占据上风从而做出更加客观的回应。问题是，你是否知道对某人做出反应时的无意识偏见触发器。你觉得有些不自在？你对某人有偏见时你会感到紧张、小心谨慎？

转变偏见，真正改变你对某个群体的想法和感觉，跟转变其他有意识和无意识的思维定式类似。首先，要求对偏见进行确定，可通过IAT测验进行确认，接下来就是学习转变过程。通过知识、经历和反馈，你就能够转换偏见，公平和恭敬地对待所有人。

如果我们不对基本假定进行挑战，就不能提高客观性和改进彼此之间的关系。只有新逻辑和新推理思路才能帮助我们创造顿悟，挑战我们的观念，转变不再适用的思维定式，这样我们才能变得更加客观，也更加包容，帮助我们改进对他人的自动反应，也能帮助我们转换表面下隐藏的无意识偏见。

经历可以改变成见

动机和责任是转变偏见的关键要素，然而真正给我们带来转换的是大脑神经可塑性。许多实例说明，如果人们能够正视对某个群体的偏见，偏见程度确实就会降低。例如，由某个黑人负责进行种族测试时，受试者对黑人的潜在偏见就会降低，让他们想起巴拉克·奥巴马和迈克尔·乔丹的话，也会降低种族偏见分值。几秒钟短暂的干扰所产生的效果至少可以持续24个小时。

你也能通过在新经历中为你抱有偏见的群体创建反面成见来转化偏见。而且，在这个转化过程中还是要求你，作为主体，通过新信息、新知识、新思路和新经历否定旧有的偏见重新看待一切。你发现自己在想：那简直就不是事实！过去一直都不是这样的！有些人通过自愿加入多种族成员组成的团队，或者工作之余扩大交友圈，取得了很好成效。你也可以参与所在社区的文化活动、出国旅行或者学一门外语等，这些都是扩大视野重新看待与你相异之人的有效方式。

令人难以置信的是，在一次次的培训班里我所发现的是，一旦我坐下来，对潜在的假定进入实际性的思考，然后将其带入我有意识的自觉中，我几乎不可能再保留这些假定。是自觉之光击毁了这些假定。之后的问题就是打破一个习惯，然而，我们都知道，虽然习惯可以打破，但是有时会很难。你一旦进行了转换，就能重新有意识地进行大脑链接。而且，你每次打断自动反应做出不同回应时，就是在培训大脑释放不同反应。

无一例外，当人们对偏见进行自我反思，并被要求与他人分享时，尽管还觉得有点羞于启齿，但大多数人都能接受并进而转换其行为，对与其相异之人做出更加客观的反应。大多数人觉得，尽管曾经建立、采纳、被同化，而又从未质疑过的思维模式依然存在，但是他们有能力去转变它们，他们有能力成长，变得更加客观，做个更加优秀的人，做个更加优秀的领导者。

请记住，我们都被社会化了，我们的思维模式限定了我们如何看待世界，如何看待我们与他人之间的关系。我们从小所受到的教育就是，我们通过他人来衡量自己的价值，别人要比我们差才能显示出我们优秀。几个世纪以来，这种思维定式激化了冲突，制造了各种种族隔离形式。从来没有人教我们，告诉我们对彼此妄加评判和指责的许多思维定式，是可以被挑战和改变的，这是客观现实。若这些思维定式不断发展，超出了可控范围，人类将面临着可能出现的灾难。

面对这些挑战，我们必须有勇气对这些导致种族隔离的思维定式提出质疑，加以拆解和转变。以下是我们能够做到的：

理解并接受主观性是与生俱来的。因为担心和羞于被贴上种族主义或其他“主义”的标签，现实中我们否认和拒绝承认自己有偏见。拥有偏见和成见的思维定式并不可耻，也无可指责，这些思维定式也许是我们五岁时形成的，但是现在我们作为成人，应该对自己的反应承担责任。因此，我们必须对自己所作的评判和行为自觉加以控制。

学习并选择提高我们的客观性。我们一旦理解并接受主观性是与生俱来的，就必须自觉地选择不投射我们的阐释和假定去看待一切，而是寻求去理解他人的想法，对遇到的每个人做出谨慎、有意和恰当的回应。

确定我们的思维定式，打开心扉，接受自己的某些想法有可能是错误的现实。我们能够通过意识到触发器的存在，开始确定我们对种族和其他差异形成的思维定式。例如，当我们遇到与自己不同的人时，我们能够知道他/她是否引发了我们生理上不舒服的反应，如生气、害怕或者焦虑。这种反应很可能是潜在偏见的迹象。通过有意识地了解自己的思维定式和偏见，我们能够学会在自动做出主观反应前进行短暂停顿，然后有选择性地做出更加谨慎和客观的反应。我们必须有勇气对我们的行为和潜在假定提出质疑，建立新的更加有效的理解方式，对他人、情况和事件进行应对。

转变破坏性和有害的思维定式。我们一旦意识到自己存在偏见，就必须选择性地运用我们的智力建立新思维、新推理和新反应方式。我们也许还会继续出现恼人的偏见，但当我们遏制了与生俱来的主观性，并认为自己可以控制自己的认知过程和自动反应时，这一偏见终将结束。面对削弱我们或他人，给他人造成伤害、使他人愤慨或离间他人的偏见、思维定式以及思考方式时，我们不是无能为力。如果我们不是有意忽略，不是放任假定不加质疑，我们就能自觉选择对我们所经历的一切的回应。

对新信息做出新反应。如前所述，大脑具有神经可塑性，我们都具有这个能力。我们都有能力有选择地进行客观回应，分清什么是恰当的，什么是正确合理的，并相应采取行动。我们每次打断自动反应，选择做出不同反应时，我们就放松了那些神经链接，建立了能够启发包容和友好行为的新路径。

帮助少数族青年克服他们每天要面对的思维定式。由于我们与生俱来的主观性长久以来不受遏制，由于我们中有太多的特雷沃恩·马丁，因而我们陷入了一个邪恶危险的循环中。我们现在知道，他人对我们的看法塑造了我们的自我概念。因此，那些少数族青少年就将这些境遇投射到他们的大脑中。他们很多人采纳了破坏性的思维定式："我永远不会成功"，"这些可恶的家伙总是与我们作对，为什么还要尝试呢"，或者"我要么辍学，遭到种族歧视，被关进监狱，要么年纪轻轻就丢掉性命"。由于思维定式的力量非常强大，因此越来越多的少数族青年随波逐流，他们认为自己没有任何选择权。我们可以通过对自己的经历进行更加客观地回应来改变他们的经历。我们也能够教育少数族青年，甚至所有的青年人，给予他们力量，向他们传授知识，让他们知道不必接受和采纳他人看待他们的思维定式。他们有能力对抗这些不该有的想法。他们能够选择对所面临的一切做出不同的反应，为他们的生活创造新的可能性。

行动计划六

为了帮助你转变偏见，你要问自己以下问题，并写下答案：

1. 当你看到你持有偏见的群体成员时，你大脑里的想法或者印象是什么？

2. 一般情况下，你对那个人采取什么行为？

3. 你刚见到那个人时有什么反应？例如，感到惶恐？你对你可能要做出的反应有意识吗？

4. 你如何看待自己对那个人的反应？

5. 你的那种想法或印象来自哪里？开始于何时？

6. 可能是哪种思维定式或成见引发了你的这种想法或印象？

7. 你有这种印象多长时间了？

8. 你做出判断的基础是什么？

9. 这是事实吗？

10. 这样公平吗?

11. 你想改变对那个人的评判和反应吗？为什么?

12. 什么样的新想法或不带有偏见的想法能够代替那些旧想法?

13. 你需要什么新信息或新推理思路帮助你转换对那个群体的思维定式?

14. 你想要什么样的经历帮助你克服这个偏见?

CHAPTER 08
MANAGING TEAMS AND
ORGANIZATIONAL CHANGE

·第八章·
管理团队和组织的客观性变革

客观思考者必须要懂得领导成效与思维定式的成效间有直接关系，即思维定式驱动有意行为的作用有多大。这似乎很简单，但事实并非如此。领导者们在确定和评价其思维定式从而提高领导力时面临着诸多挑战。

首先，组织机构的成功秘诀常常与其内部个人产生冲突，这让许多领导者颇感沮丧。例如，企业文化要求工作日工作时间是12—15小时，外加周末加班，可是对于有家庭的人来说，这难以做到。在另外一些企业文化中，社交能力是成功的关键因素，可是有些员工腼腆内向，这种文化让他们感觉不适。为了应对这些情况，领导者往往是违背内心疲于应对。反之，某些时候，个人思维定式也限制了其成为有效的领导者。例如，我们可能认为自己包容、公平，但有时潜在的偏见导致我们做出意想不到的反应。同样，我们许多人想象中认为，领导力的有效性即合作有效性，然而我们的个人思维定式，如控制型思维定式，却驱动我们走向了相反方向。领导者们面临的另外一个挑战是，当出现竞争性竖井心理，即同一公司内某些部门或团队之间互不分享信息时，他们的无效组织思维定式就会降低其完成既定目标的能力。同样，如果一个领导者在极力转换团队思维定式，而其中某个团队成员的个人思维定式施加干扰时，也会出现问题。最后，还有一个最大的挑战是，领导者领导的团队要进行大规模的思维定式转换，这时整个机构文化都要随之进行转换。本章中，我们将一一分析这些领导者面对的挑战，并探讨如何战胜这些挑战。

组织思维定式与个人思维定式

微软公司前首席执行官史蒂夫·鲍尔默是成功领导者的完美榜样，他极力改变自己来适应大老板的角色。他之前曾经担任过销售支持高级副总裁，系统软件高级副总裁和市场副总裁职务，大家已经习惯他的做事方式，并且反映良好。但是，他担任了CEO一职后，重新建立了一个新思维定式，迫使自己做出改变。罗伯特·恩德尔曾说过：“史蒂夫·鲍尔默担任微软CEO前，一直是微软的啦啦队长，你可能会认为这是微软的一笔财富。然而上任后他基本上放弃了这个角色，此后也没再恢复，他采取了无论是对他还是对公司看来都不太合适的角色。看起来，他像是极力把自己变成他认为的CEO而不是实际上的CEO。他几乎像是被克隆了一个人，而这个克隆的人不再具备他成为CEO之前的那些使他成功的处事技巧，他的热情、坦率，所有的一切，似乎在短短几年间，都蒸发了一样。”这似乎是他走下CEO职务的开始，我们一会儿再说。

组织机构思维定式与个人思维定式的矛盾，对职场中的女性来讲也是一个问题。我们有时针对自己角色而采纳的思维定式并没有达到效果。某些女性为了要成功，采纳了一种思维定式，让自己表现出冷傲与盛气凌人。除非这种思维定式适合你，否则让自己变成你认为别人希望的那样是不会持久的。这样的话，不仅你自己不会感到高兴，而且失去本真的你经常会显露出真面目，达不到你想要的效果。

为避免出现类似错误，领导者们首先要做的是，在假定启动行为之前对其思维定式进行质疑。针对鲍尔默的例子，可以问如下问题：你不可以同时既是你自己又是成功的CEO吗？支持这一观点的依据是什么？否定这一观点的依据是什么？要想成为一个客观领导者，你就必须在做假定时问你自己这些问题。女性要想成功的话就一定要表现不同吗？在你坚持本真不变的情况下就没有可能帮助自己走向成功吗？记住，客观性的定义是看待和接受事物的本来面目，这也包括你自己。要想成为一个客观领导者，你就必须能够看清自己，对自己进行客观评价，这样的话无论你担当何种角色，你永远都是你自己。如果你发现在自己所处的环境里要想成功就不能做你自己，那我就建议你换个既能成功又能成为你自己的环境。

个人思维定式削弱领导力

最近我接待了一家历史悠久的大型医疗中心的高级领导者团队，辅导他们通过提高客观性来提高他们的团队效率。这家医疗中心建于1972年，为波士顿郊外一个医疗条件薄弱的社区提供医疗服务。我很少见过这样全身心投入的领导团队，他们对社会使命如此充满热情。他们六个人在一起工作了很长时间，工作中彼此信任。莎拉是他们的行政负责人，管理这家机构30多年。她集智慧、悲悯与效率于一身，她关心每位成员，一直寻找机会为其成员提供改进、交流和合作的机会。

我第一次见到这些高级领导者团队时，就能清楚地看到，莎拉的思维定式长久以来对团队的整体效率产生了很大影响。他们的每周例会没有什么效果，原因是团队成员参加人数有限。从整个组织结构来看，基本都是由莎拉做出所有决策，这个高级管理团队的每个成员事事都要请示莎拉。尽管他们表面上看起来与工作联系紧密，但实际上他们并没有发挥高级管理团队所应有的作用。

我于是开始要求这个高级管理团队的每个成员描述他们对自己在该组织机构中所承担职务的思维定式。我们先从莎拉开始，她是这个组织机构的负责人，她说她的思维定式是“我要安排好一切。”事实上，这是影响她处理一切事情的个人思维定式。迈克，负责病人中心团队，他说他的思维定式是负责他的部门并为此做出决策。莎拉脱口而出：“我想让你们自己作决定，分担我的压力。”珍妮特，负责监管B团队，她说她似乎没发挥什么作用，莎拉喜欢做所有决定，整个管理过程中没有他们的参与。莎拉听了之后非常吃惊，她回答说，从她的角度来说，她经常征求他们的意见，但是他们总是没有回应，她感到很沮丧。团队听到莎拉说希望听到他们更多的意见和希望他们有更多的参与时感到很吃惊。呼叫中心的负责人达拉说，当大家向莎拉表达了自己的意见后，经常不知道这些意见是否得到重视，也没有得到结果反馈。莎拉说她会改变这一点。艾米丽，负责看护部，她说当她跟莎拉谈到某个员工的情况时，她认为莎拉不信任她，而是要直接跟那个员工谈，然后自己作决定。莎拉回答说，与艾米丽在一起工作了20多年，她绝对信任艾米丽而不想再去跟其他人谈。艾米丽承认，也许是由于自己的思维定式，采取了自我保护心态，听到莎拉说信任她的判断后如释重负。

你能够想象莎拉此刻的感受吗？她感到尴尬？她感到无人支持，或者是受到了下属的攻击？不，都不是。她跟我们大家一样，对第一次开会大家就能如此公开、坦诚和迅速说出自己的想法感到吃惊。她公开承认，她的“我要安排好一切”的思维定式迫使她工作中有时事无巨细，让团队以为她不需要他们的意见，其实这不是她的本意。团队成员即刻看到了他们的个人思维定式及其对彼此的假定削弱了他们的有效合作能力。在这样的客观交流语境中，我们能够创建一个安全之地，其中的每个人不再有理由从自己的角度看待一切。迈克分享了他的想法，他说他很高兴他们的这个高级领导团队取得了如此大的进步，重要的是他们能够彼此理解。迈克是一位充满激情，做事干脆利落的领导，但他认为这个过程需要时间。“我们通常没有时间彼此寒暄，感到悠闲自在，经常要根据病人需要立即行动。”大家都同意他的观点。他们的关键是要创建一个交流平台，加深彼此的理解。根据彼得·圣吉的“推论阶梯”观点（该观点由阿吉瑞斯首次提出，之后被收录在彼得·圣吉的《第五项修炼》一书中），我们想出了以下简单的语句用于彼此的对话："帮我解释一下你的思路"，“你是基于什么假设或经历得出这个结论的？”“我的假设是……”或“我对此的解释是……”或“我这样的假设正确吗？”“我这样理解你的话对吗？”等等。使用这些语句的前提是工作中优先考虑的不是推进工作进程，而是达成彼此理解。会议结束时，我们都感到这样的交流可行，他们都承诺说回去就执行。

确实是这样，在这次会议之后，又开了许多次会。一旦每个人理解了其他人的思维定式，理解了哪种思维定式对他们的有效合作目标有所促进、哪种带来阻挠之后，我们就开始创建新过程、新步骤来推进这个新思维定式。例如，在一次会议上，我们推出了一个制定决策的方案。我们询问团队成员最近都在做哪些决策，他们认为应该做哪些决策。得到的答案是，有些决策仅仅是为了授权莎拉助理本杰明应对某些特殊管理要求，这些事先都没有跟莎拉沟通过；还有些决策纯粹是像抄写邮件一样简单。他们就要求莎拉介入和没有其介入而授权团队成员处理这两种情况推出了一个方案。当这个高级管理团队成员很快加强了彼此合作之后，我们又想推进他们各自的团队合作。我们确定了一个该组织机构思维定式，这种定式似乎对整个组织具有破坏作用。他们将其称为“等级思维定式”，即处在机构梯级低端的人（如医士）感到没有发言权，因为他们认为他们的意见不会受到尊重和重视。长期采用这种思维定式造成的结果是，梯级高端的员工（如医生、各部室的管理人员等）不采纳梯级低端员工们（如医士、呼叫中心员工）的意见，他们只从同级别的管理层寻求意见。确定了这个定式后，大家都很高兴，因为整个团队很快意识到，鉴于他们的使命以及每个员工都要跟不同层级的病人进行沟通这一事实，那样的思维定式削弱了他们为病人提供最好的医疗保健服务的能力。

这对迈克的病人中心团队产生了特别的影响。他的病人医护团队在组织上采纳了整体统一管理的模式。病人中心团队根据每位病人的需要，为他们推荐专业医护人员，给他们提供全套健康医疗服务。例如，每个病号可能要单独接受例行体检，注射流感疫苗，享受糖尿病科普教育和医疗支持，享受营养咨询、心智健康咨询以及家庭咨询服务等。这种情况下，等级模式的危险性很大。病人中心团队成员包括医生、精神病专家、社会工作者、护士、医士、分诊护士、助理护士等，每个人都要跟同一个病人打交道。然而，由于这种等级思维定式，迈克观察到病人中心团队的交流效率经常不高。迈克清楚地看到，转变这种思维定式将更好地帮助团队理解病人需要，更好地合作制定方案为病人提供健康保障，使每位病患达到更好的医治效果。

作为领导者，了解可能削弱效率的组织机构思维定式、思考方式以及互动方式势在必行。尽管人们交流的效率不高可能存在其他原因，但是造成误解的假设和观念经常是根本原因，而这些假设和观念人们并没有察觉和排查到。在某些机构中，如医疗中心、医院等，这种风险更大。我佩服迈克的领导能力，因为他想在对病人保健服务造成妨碍之前，解决这种模式带来的常见问题。

转换无效组织思维定式

我和迈克见了面，共同拟定了一个计划，帮助转换他团队的等级思维定式。我们的方法是提出问题，围绕如何对团体合作产生影响并最终对病人保健产生影响引发对话。当20个病人中心团队成员第一次聚在一起时，我们开始打破沉默。我要求每个人讲一下他们生活中最让他们充满激情的事情，那些别人可能不知道的事情，以及在医疗保健中心工作让他们感到愉快的事情。为了转换无效的团队思维定式就必须在团队成员之间建立友情和信任，另外，围绕团队工作的积极方面建立共同基础也很重要。我又一次被大家同心协力帮助他人的精神所感动。迈克是我们的圆桌会议中最后发言的人，可以看出，迈克对大家在会议中的温和表现不是太满意。他先说出了自己在医疗中心工作中最愉快的事情，随后，他直入主题，表达了他对等级思维定式及其对保健中心影响的担忧。

刚开始时,大家都较为拘谨,大家都说他们知道其他组织也有这样的问题。他们不想承认这种情况在他们的医疗保健中心也存在。迈克插话说，他们这个中心目前确实存在这种问题，但是他认为他们能够一起改变这种状况。作为领导者，你得愿意打开心扉，建设性地指出问题所在。在这个案例中，大家都只是表达了工作中让他们最愉快的事情是与大家一起相处。显然，他们不想考虑交流不畅的问题。迈克的做法为大家公开探讨问题打开了通道。吉姆是位非常受人尊敬的医生，他讲述了自己曾经对一小群病人犯的错误。他说当时他希望有人能将自己拉到一边，跟他说他的做法和举止无意间冒犯了那些病人。吉姆收到的反馈是，大家当时都在看着，他们觉得不大好意思说出来，因为吉姆是医生。他们的假设是，医生不想被告知他们做错了，他们担心说出来之后会有不好的影响。吉姆跟他们保证说，如果当时大家妥当交流的话，他会坦率接受大家意见的。他们都同意，如果他们无法彼此公开交流的话就会危及到病人。这个团队还谈到了，他们团队成员做决定时一般不考虑是否会影响到组织中其他成员。有些成员还解释说，组织结构中梯级低端成员的问题不大被看重，而且这种梯级低端的雇员没有平等发言权，他们的意见得不到重视的思维定式不断在加强。

为了替换这个等级思维定式，团队一起想出了一个新方法，他们称之为“全力以赴型思维定式”，即“病人永远是第一位，我们所做的一切都围绕病人的需要。每个团队成员的观点都是独一无二和有价值的，一定要与团队的其他成员分享。大家共同参与，共同为病人的保健计划出力。团队团结一致，互相依赖。因此，当出现变化时，对于组织结构内部各层次出现的问题必须要共同评估、共同面对和彼此交流。”

然后我们集中确定了为支持这个思维定式所能采取的行动和在组织结构各层次上所能做的改变。例如，团队为了促进该定式的顺利养成，确定了首先要在开会时进行互动。他们认定，如果要启发大家全力以赴的话，就要采纳一种新的交流沟通方式。他们认为，当团队某个成员参与并发表意见时，其他成员不要妄加评判，他的观点、专业视野和贡献必须得到认可。我们还探讨了为加强和延伸这个新操作方式在整个组织层面上进行交流和沟通的必要性。

最后，我们开发了一个评估进展体系。我们一致同意，每周将留出15—20分钟的时间大家聚会，分享新思维定式下的彼此经历。目标是确定这个思维定式在哪种情况下发挥作用，发现有待改进之处时要引起注意和重视。我们也谈到了有些情况下，出现问题后，团队又回到了旧思维定式中。

要记住，情况紧急，事态发展很快这种情形在保健机构中经常发生，有时我们会采取旧思维和旧行动方式。一个客观领导者必须密切观察这种情况，及时确定新思维定式与旧操作方式间是否存在结构性或个人原因造成的缺口。如果是结构性缺口，那就可能意味着，要么新思维定式需要作微调或做调整，要么需要进行更多实践来支持这一定式。例如，为帮助团队成员在开会时更加投入，迈克会在开会前几天给大家发邮件，总结一下上次会议内容，并通知下次会议的议程安排。邮件中，他会特别要求大家认真思考即将讨论的主题，充分准备好要发表的观点。如果缺口是个人原因造成的，如某个人无法通过新镜头进行思考和行动，那可能是因为这个新思维定式与其之前的个人思维定式发生了冲突。这是一种常见情况，尽管某人明显支持一种新组织思维定式，并且也理解这样的思维定式对机构至关重要，但是他的个人思维定式还是会阻碍他采纳新思维定式。以詹斯汀为例，他是个护士助理，适应这个新"全力以赴型思维定式"极为困难。尽管他认为这个思维定式重要，但是他自己的思维定式阻止他采纳这个思维定式。詹斯汀害怕在会上发言，害怕当面表达观点或关切。在这种情况下，作为客观领导者就要支持其员工采纳、适应新思维定式。

个人与团队思维定式相冲突的解决方法

帮助他人更加客观，是体现领导力价值的一个方面。客观领导者能够学会辨认其员工的行动何时与其既定目标不一致。某人的潜意识思维定式驱使其行为时通常是有迹象出现的，关键是要帮助他断定限制他的思维定式，并创建顿悟和转变的机会。

重要的是要从该员工的行动开始，第一步是让他认可这个思维定式。在这种情况下，让一个员工认可新“全力以赴型思维定式”很重要。向詹斯汀提出以下问题：“你如何看待我们的新思维定式？如果我们大家在这个方面都能有所改进的话，你认为会带来什么影响？”这些开放式问题能够帮助你发现詹斯汀对新定式的想法和感觉。

第二步是认同。不要进行评判和支持，帮助员工意识到在需要发生、实际发生和结果间存在缺口。我们作为领导者就是要指出问题，而不是让员工说他的行为产生的原因。问问詹斯汀发生了什么事情，让他描述事情的经过，他的感觉以及他的反应。关注他当时的感觉。当某人的思维定式与其目标发生不一致时，可能的原因经常是他们知道自己应该做什么，但是对此感到焦虑或恐惧。问问他，如果依据新思维定式，采取什么应对方式比较合适。

下一步是确定。问一下詹斯汀，在那一刻阻止他按照他想要的方式进行应对的假设是什么，让他说出来。他没有那样做可能仅仅是因为害羞，也可能是文化的原因。在某些文化中，不能跟长者大声说话或顶嘴。也可能是缺乏安全型即“我不够好”的思维定式造成的。关键是先要理解与团队思维定式相冲突的个人思维定式，然后，大家一起为他创造支持团队思维定式的机会。

最后的步骤是授权。作为领导者，你能够指导你的每位员工学会更加客观。具体地说，你和你的员工能够制定一个改变无效思维定式的策略。通过这个策略帮助员工发现其旧思维方式不再有效或有用。例如，如果只是担心会被人家笑话而感觉不安全，光跟他说一句不会的、不用担心等是不够的。那个员工要通过新信息和新经历获得顿悟来改变其思维定式。你要做的就是帮助他创造能否定其旧思维定式的经历。

正如第六章所说，我们的某些无效思维定式是在我们孩童时形成的。对一种经历及相对应的假定、结论和情感可能会产生强烈的情绪反应，然后在我们的神经网络中形成了硬链接。这种经历可能只发生过一次，但是其威力强大到使其变成主导思维定式。我们未对其提出质疑或者检验其真实性或有效性；我们从未停下来观察一下我们使用这同一镜头回应各种情况的频率和它所带来的影响。我们的目标是：帮助员工对其思维定式进行反思，通过以下问题检验其有效性：

> 那个思维定式发生作用的频率是多少？
>
> 那个思维定式是否有可能在过去起作用，而现在不起作用了？
>
> 你是否认为创建一个新思维定式对你的工作和职业更有效？

你的员工一旦理解了采纳团队思维定式有助于其领导力的发展，那么你的下一步工作就是为他们创造成长的机会。例如，对于詹斯汀来说，不是迫使他在会议上说出要支持团队思维定式，而是鼓励他领导一个小群体针对其专业特长方面的某个问题展开讨论，或者就某个问题邀请他将观点发给你供下次讨论使用。一旦他收到了你的正面反馈，获得了自信后，你就可以让他参与下次会议。这看起来像是手把手的指导，但是确实是开发天赋的途径。当你能够支持一个有天赋的员工开发其客观能力，形成一种新领导力时，这对整个组织都有益。当然，对他个人来说益处最大。

领导者的变革法则

领导者必须能够管理变革。问题是，大多数变革行动以失败告终。在接受《华尔街日报》记者莫妮卡·兰雷的独家采访时，史蒂夫·鲍尔默讲述了其改变的努力遇到了巨大阻力，并最终让他决定辞职。2012年，在一次跟董事会成员的争论中，鲍尔默证实了微软董事会对他的表现不满意。尽管微软在其传统软件项目上进展良好，但它错过了工业大变革机会，包括网络搜索广告和用户转向移动设备及社交媒体的市场变革。董事会将压力施加在了鲍尔默身上，寻求重新崛起与加快变革。鲍尔默告诉董事会，他想担当领导角色，到四年后他的小儿子高中毕业时为止。他与董事会达成了一致，他要整顿组织机构，重新将精力集中在未来发展机会上，如移动设备和在线服务等。微软元老级技术执行官汤普森，领导董事会中CEO搜索委员会，他说“董事们‘没有促使史蒂夫辞职’”，“但是我们对他太苛刻，不断催促他加快速度”。顶着如此大的压力，鲍尔默知道这个崛起计划要求公司进行翻天覆地的变革。例如，鲍尔默给他的老朋友福特公司首席执行官艾伦·穆拉利先生（通过团队合作带领福特公司重新崛起，简化了福特品牌）打电话，说“鲍尔默该醒了，他一直在冒险管理这个软件巨人，现在承认‘个高、秃顶、嗓门大’。他意识到在过去33年多的时间里，他帮助微软建立起了微软文化，包括公司竖井文化，员工彼此相互竞争——在微软鼎盛时期形成了鞭策创新的竞争氛围。然而，现在这种文化有时使团队只关注已有成绩，只求保底，而不把眼光放在更大的技术前景上，不关注微软大局。他要重新思考：‘我要重写整个剧本，我要重创品牌。’因此鲍尔默迅速投入进来……”

问题是，大规模团队不是鲍尔默思维定式的组成部分，也不是组织结构思维定式或文化的一部分。他要突然改变个人以及组织思维定式的做法瞬间引起了抵制。例如，他的领导定式（也是每个人一直所采纳的定式）是，他要跟微软每个部门的负责人进行个人商讨，并且经常引导和要求结果。采纳了新团队思维定式后，他开始邀请他们在他办公室里围坐在一起，培养友情。“这是他领导风格的彻底转变，公司文化开始在转变中摇摆不定。‘这不是史蒂夫30多年领导公司的风格’，行政副总裁萨提亚·纳德拉如是说。另一个例子是，行政副总裁陆齐提交了一份56页应用和服务报告。鲍尔默将其退回，坚持压缩到3页——这是一项新要求，鼓励合作中简化程序。陆先生反驳道：‘可是你过去一直都要数据和细节！’鲍尔默先生承认，他的高管团队正在艰难适应这个新史蒂夫。有些高管还是抗拒大到诸如合并工程团队小到诸如每周提交现状报告等方面的事情。”

“鲍尔默先生说他开始意识到他训练的高管们看到的是树木而不是森林，而有些高管根本不把他的要求放在心上。2013年5月，他开始思考是否能赶上进度和董事会的要求，他说：‘无论我想要的变革有多快，整个机构中，如雇员、董事、投资人、合作伙伴、供应商、客户等，所有的人都不太相信我是认真的，他们甚至认为我自己都觉得不是认真的。’鲍尔默先生说在董事会6月于西雅图东部贝尔维尤市举行的会议上，他告诉董事们：‘尽管我还想多呆几年，但无论是我开始变革，还是别人中途插进来，都不是明智之举。’”史蒂夫·鲍尔默于2014年8月21日正式退出了微软。

鲍尔默33年职业生涯中为微软所成就的一切值得我们钦佩。接下来，我们将重点探讨对鲍尔默经历的报道给我们的启示。这些主要经验教训将帮助你更加客观地进行如此大规模的变革。

■ 变革努力失败的原因

约翰·科特在其《领导人的变革法则：变革努力失败的原因》一文中说，变革行动失败的一个主要原因是“执行官低估了让人从舒适区中走出的难度。”我们都知道，我们所做的大量工作都是按照惯例来的，从高管到普通个人，包括组织机构的各个层次，在如何召开例会、如何对待上司、如何组织会议、如何管理他人以及彼此间如何沟通等方面都按照惯例行事，一般不出意外，我们都习惯于这些现成的行为模式。但问题是，我们的大脑有个非常坚固的保护机制，当出现“错误”时会释放出非常强的神经信号引起我们警惕，神经科学家将其称为预期与现实间的可感差异。因此，即使我们对常规进行最微小的变革，都会出现不适的感觉，在某些情况下还会出现恐惧感。

“要想改变他人的行为，即使有最好的理由这样做，他/她也会感到不适。大脑发出强劲信息，提醒出现问题，此时思考的能力会大大降低。改变本身由此放大了紧张和不适感，经理们（从他们的层级角度可能观察不到下属所能观察到的一切）通常会低估执行中带来的挑战。”难怪鲍尔默的高级领导团队出现了抵触情绪，他们不是被要求改变一个习以为常的做法，而是被要求忘掉他们所学到的要在微软取得成功所需的一切。所有的规则都发生了变化，而又没有新剧本，一定是找不到方向。

寻求变革的领导者们必须懂得变革会带来不适，会失去方向，而且不能低估变革对士气所造成的影响（即使在最好的情况下）。

■ 创建和发展一支变革团队

尽管鲍尔默在其不断受到催促加快变革时看似没有多少选择，但是，领导变革行动的第一步是建立一支变革团队，设计和管理变革过程。如果你全力以赴领导变革，关键之处是你要获得公司各职能部门领导的积极配合和参与。你与变革团队的首次会议就要开诚布公，明确整个组织机构所面临的挑战与机遇，并制造紧迫感。你首次召集会议的目的是让每一位领导者了解对整个机构进行改革的重要性，要清楚说明目前的状况及改革后的愿景。每位领导者必须相信并且能够清楚表达“这是我们目前的出发点，目前的状况；那是我们要达到的终点，最终的状况或希望达到的状况。”在微软案例中，软件开发领域业绩一直不错，但是微软想成为商用和个人设备与服务的主要供应商。

第二步是拟定实现过程的方案。变革团队必须首先明确变革过程或达到希望目标所需的潜在假定和思维定式。团队领导应该邀请团队成员说出他们的假定，团队领导还应该制定规则，即在他人发表观点时不允许立即作评论，所有的观点都要摆在桌面上，没有评判。这样做首先解决了抵触问题，而更重要的是，这样做可以带领变革团队在变革过程中对假定进行客观评估。在这个早期阶段，变革团队成员通常可以通过以下陈述表达假定：

> "我认为如果我们做出这样的改变会失去关键人物。"
>
> "我们这些人缺少进行如此变革的技术能力。"
>
> "其他公司也做过类似变革尝试，但是以失败告终。"
>
> "变革的压力会落在我们团队身上。"
>
> "我们需要起草一整套实施过程计划和政策，但是我们没有时间这样做。"

作为领导者，重要的是要在这上面投入尽量多的时间，收集到所有的假定。然后，针对每一假定，提出如下问题：

> 如何能够得出那个结论？
>
> 能够证实的依据是什么，有反面依据吗？
>
> 这个假定成立吗，这个假定是否与即将要处理的问题有关？
>
> 支持我们这一行动的新思维方式是什么？

变革团队以此要达到的目的，是创建一种交流方式，以便在整个变革过程中就担忧和假定进行沟通。变革团队一旦学会通过确定和评估他们的潜在假定，确定支持结果状态的新思维方式和行动方式，客观接近变革过程之后，下一步要做的就是从整体上创建组织思维定式，确定哪些思维定式有利于推动这项新变革行动，哪些对这项新变革行动起干扰破坏作用。

■ 确定组织思维定式

正如我们的个人思维定式驱动我们对所经历的一切做出反应一样，组织思维定式控制人与人之间的互动、工作如何进行、哪些行为受到重视以及成功是由什么构成的等等。大多数人在工作中的个人思维定式都是以他们所观察到的组织思维定式为基础。我们前面已经说过，有时对组织思维定式感到适应，有时不适应，但是不管是哪种情况，员工都会按照惯例在思维和行动方式上适应组织文化。要想使改革取得成功，首先要确定、评价，然后加强或转变这些思维定式。以微软为例，他们的竞争竖井文化显然已经灌输到了许多员工的行为中，对公司的变革产生了破坏作用。

因此，变革团队必须制定方案加强、支持和促进支持变革动议的现有思维定式。另外，如果现有组织思维定式与达到期望状态所需的组织思维定式产生冲突的话，就要像上一章中所说的那样先开始转变现有的思维定式。还是以微软为例，鲍尔默承认，现有的公司竖井和竞争文化使大家抵触新史蒂夫及其新团队组织思维定式，而一个完全成功公司所需要的内部合作和信任的文化还没有形成。尽管许多人在理论上支持新思维定式，可是每个人的个人思维定式都是建立在现有文化基础之上，没有人愿意将精力和时间用在探讨这个问题上。

■ 构建能力和里程碑路线图

遗憾的是，微软董事会给鲍尔默施加了太大压力要求其加快进程。变革行动失败的原因除了低估了让人们离开舒适区的困难外，还有一个关键原因，按照科特的说法是“经理们没有意识到变革是一个过程而不是一个事件，它可能需要几年的时间。加速进程的压力削弱了成功率。”带领变革的领导者们考虑的不应该是时间。如果实现过程中的思维定式要求我们加快变革，那么问题就集中在是想快速得到结果还是要最好结果这两个方面。记住，执行过程中的压力越大，风险就越高，因为我们看不到事情的本来面目。我们要考虑的不是时间，而是进步的稳定性和里程碑。一旦变革团队确定了目前状况和结果状况以及确定了支持或破坏这个结果状况的组织思维定式后，下一步的工作就是构建一个能力和里程碑路线图。以下是可以用于记录过程和在过程中进行沟通的路线图例子。

路线图左边应该清楚界定目前组织机构整体状况，包括收入、市场地位、创新、竞争优势等。重要的一点是要确定目前的组织思维定式，工作的开展形式以及个人与团队间的互动等。路线图的右边应该显示结果或愿景的具体构成要素，包括支持这个结果所需要的组织思维定式。在路线图的中间，变革团队应该将整个过程加以考虑（不要有时间限制），列出组织机构为了应对市场需求在整个变革过程中必须具备的能力。团队应该先从组织机构整体，然后再具体到各个部门进行考虑，设立里程碑和结果状态目标。例如，如果IT基础设施为达到目标需要升级的话，首先就要在能力和里程碑路线图上清楚界定和显示所应保持的关键能力。团队每位成员都应分担责任，监督具体分管领域的变革。要注意的是，不仅是组织思维定式的改变需要时间，对改变过程的设计也需要时间。关键是要留出足够时间对过程进行设计。

<table>
<tr><th colspan="3">客观变革行动
能力和里程碑路线图</th></tr>
<tr><td>目前状况</td><td>能力和里程碑</td><td>结果状况</td></tr>
<tr><td><u>组织机构</u>
• 我们是谁？现在我们在哪里？
• 组织思维定式：是变革的支持型还是破坏型？</td><td><u>组织机构</u>
• 列出整个变革过程中所要保持的能力；
• 确定里程碑、量化指标、何时及如何沟通。</td><td><u>组织机构</u>
• 我们想成为谁？要往哪里去？
• 达到结果状态的组织思维定式是什么？</td></tr>
<tr><td><u>职能部门</u>
• 该部门目前的状况是什么？
• 该部门的思维定式是什么？是变革的支持型还是破坏型？</td><td><u>职能部门</u>
• 支持组织机构完成任务所要求的关键进程和功能是什么？
• 要监控和汇报哪些具体可量化的里程碑以保证整个过程的连续性？</td><td><u>职能部门</u>
• 为支持组织机构达到结果状态，部门要达到什么状态？
• 部门需要什么样的思维定式？</td></tr>
<tr><td colspan="3">运行原则：如果努力没有达到理想结果，不要把它看作是失败，而要看作是继续学习、加强思维定式或改进过程的机会，以可量化指标交流一下所取得的成绩，对已取得的成绩可适当庆祝一下。</td></tr>
</table>

■ 沟通

变革团队完成过程设计后，下一步的工作是在整个组织机构内就即将采取的相应策略进行沟通。这一步至关重要。团队的每个成员必须回到各自的组织中，带领他们的团队投入到变革过程中。每一个高级领导者必须与各自团队沟通其中的挑战和机会，邀请团队成员真正参与到过程中来。变革团队确定了达到理想状态所需的思维定式后，每个团队成员的目标就是在其所在的组织机构内部培养顿悟，让其员工有选择性地限制其思维定式来支持变革。例如，作为变革团队的成员，IT部门负责人召集自己的团队，向他们说明该部门目前的状况、里程碑以及结果状态目标等。IT部门负责人应该同其团队成员一起，确定和评价支持或破坏团队达到最终目标的潜在假定，设计过程策略，然后，带领其团队设计实现里程碑目标和结果状态目标所需的具体活动、过程和步骤。

■ 监控和汇报进度

最后这一步是关键。变革行动是动态的，存在许多变量。有些变量能够预测，有些无法控制，还有些是未知变量。对进度的监测因此就变成了对客观性的测试。我们习惯于期待行动产生具体结果，我们的假设是如果不能达到理想结果，我们就失败了。变革团队必须采取一个原则，即当事情的发展没有达到理想结果时，也不看作是失败，我们可以把它看作是学习、加强思维定式或改进过程的机会。在早期阶段，当大家在采纳新的思维和行动方式时，他们的旧思维定式依然会影响他们的行为。即使是出现顿悟之后，如果变革过程出现了明显失败，它仍将削弱员工的决心以致影响整个过程。这时重要的是，要从更长远的角度确定可量化和可见里程碑。一旦确定之后，要对确定的里程碑和已取得的进展进行沟通和庆祝。例如，鲍尔默早期为了实现大规模变革将竖井思维方式转换成团队思维方式时，如果他能给各任务团队设定更长远的目标，并对他们取得的成绩公开进行认可和奖励，那结果就会好得多。这样做将进一步巩固新思维定式，启发其他人产生顿悟。

没有必要让变革行动成为痛苦的过程，当然也不必失败或达不到期望的结果。如果领导者能够运用客观性实现这个过程，它肯定会成为发展人才、创建高效领导团队应对市场持续变化的挑战和机遇的有效手段。行动计划七将引领你了解和变革你的团队思维定式，提高团队合作能力。

行动计划七

客观领导力与团队合作能力

第一步，通过搭建平台和确定共同点了解现有团队的思维定式。

- 从你开始，每个人说一下自己不为人知的一些情况，对什么最有激情，最喜欢工作和公司的哪些方面；

____

____

____

- 向团队讲授每个人对其工作和团队都有自己的思维定式；

____

____

____

- 说出你作为领导者角色的思维定式；

____

____

____

- 让每个团队成员说出他们所担任角色的思维定式。

____

____

____

创建团队合作的新思维定式

● 从你开始，讲述你对团队合作精神和有效性的理解或思维定式；

____

____

____

● 让每个人讲述他们对团队有效合作的思维定式；

____

____

____

● 基于每个人的发言，确定并清楚表达出新团队思维定式，达成一致意见并记录下来。

____

____

____

转变团队思维定式

● 创建这个新思维和行动方式遇到的障碍是什么？

____

____

____

- 哪些行为或思维方式会破坏这个新思维定式？

- 为了支持新思维定式，关于我工作或角色的哪些思维定式可能需要重新思考？

- 我们需要哪些新技巧和过程来克服这些障碍？

- 哪些行为和行动有利于这个新思维定式？

- 我们如何衡量进度？

- 我们如何能够知道何时采纳新思维定式？成功的标志是什么？

____

____

____

- 新团队思维定式的创建取得进展后如何进一步加强？

____

____

____

|第五部分|

有效的客观思考者的共同特性

PART 5：THE OBJECTIVE ENTREPRENEUR

CHAPTER 9

THE OBJECTIVE LEADER AND THE ASPIRING ENTREPRENEUR

·第九章·

成功企业家的思维定式及行为

我们现在知道一个人如何构建其世界——他们如何看待他们自己、他人和周围的世界，将影响他们生活中各方面的经验。不管他们选择了什么职业，每个人的成功或失败都依赖于他的思维定式和他每天对所面临机遇和挑战的应对。他们越客观，保持成功和幸福的机会就越大。

我们也知道，因为有情感的介入，我们很难客观地看待某个人、某种情况或某件事。如果某人的自我概念、个人安全感或信仰体系又与那个人、情况或事件相关联的话，就更难看清一切。尽管对大多数人来说，这个情况确实存在，但是对企业家来说，就几乎不可能是这样。因为企业家总是富有激情、执着，尤其是许多企业家在创业初期，富有冒险精神。大多数创业的人喜欢独立自主，但是，在某些节点上，如到了发展的关键时期，全部身心都要放在经营上时，他们开始面对现实，许多人整夜翻来覆去睡不着，反复问自己“我是否做对了决定？我会让家庭破产吗？”

这样的事情不断发生，一个伟大的企业家真的能保持客观吗？企业家能否平衡好激情和客观的关系？我付出了巨大代价才明白感情投资只能引发主观泛滥，最终限制了你客观看待事物的能力和做出正确决定的能力。因此，特别是对于考虑创业的人来说，关键是要首先确定和评价其思维定式，对他们自己、他人以及世界的潜在假定，当然，还有对创业过程的假定。伟大的创业者必须要清楚明白他们观察、思考和行动的镜头，这样他们才能对即将要做的事情做出正确判断和正确决策。

我们已经知道，思维定式是我们判断事物本质和其未来发展趋势的根深蒂固的观点和观念。这些思维定式变成了我们观察、解读和回应我们所经历一切的基础。这里要强调一下“观察”，正如我们前面所说，我们对事物的本质及其发展趋势的观念非常强大，强大到可以改变观察结果，对别人来说显而易见的事情，我们就是看不到、听不见。

最近，我经常跟康斯坦茨在一起，她已婚但无子女，在一家制药公司工作。她曾经经营女士上衣。她的经营理念是，通过小零售商建立分销渠道让顾客购买她的货品。她那时在寻求大零售商。零售商企业负责摊贩管理的经理通过邮件对她的咨询进行了回复，清楚地表明买家不想要任何新品种，但是很高兴由此了解到了她经营的产品。这位女企业家非常兴奋。她对此的解读是，零售商对她的货品感兴趣，但这不是事实。康斯坦茨这样的解读很难令人相信，但是她在她的领域里确实是个很受好评的领导者。工作中，她总是能清楚地评估形势，做出最有效的决策，总是能够得到晋升。然而，轮到自己经营业务时，她想做好的项目，却被假象蒙蔽了眼睛。

文森特，另一个处在早期创业阶段的企业家，是个广为认可的、非常有天赋的男士配饰设计师。他有非常出色的公关技巧。当他成为一家大零售商的供应商时，他非常激动。但是由于资金有限，团队规模小以及其他障碍等原因，他艰难应付着零售商的条件。尽管他的产品在零售商的10家分店里销售，但是最后还是到了危机关头。买家通知他，不会再要他的配饰了，到了秋季就不再订货了。文森特清楚地了解买家的意思，他感到非常失望。后来他问他的顾问，是否应该在即将到来的秋季给那个买家发些样品。要记住，客观性就是看待和接受事物的本来面目。在这个案例中，一个极有天赋、创造力、能力且能吃苦的企业家，而且是大家都极为信任的人，却不能接受事实，还在希望事态能发生变化。看起来可能不合理，但是这种情况常见到令人难以置信。在我的案例中，我的供应商要终止与销售额占比达到75%的最大分销商的关系，对此我都没有仔细想过。毕竟，这不合理——至少对我是这样，但是我错了。

本章的目标是通过向你展示创业过程的最新观点，以及成功企业家如何思考和行动，帮助你对职业创业进行评估。我们将揭穿创业过程中普遍神话的真相。关于创业过程普遍认可的智慧在过去10年间发生了变化，我们将回顾一下最新研究成果和最新方法，帮助你重构对创业过程的理解，帮助你创建新思维定式，借此助力你的商业冒险。鉴于这种新理解思路，我们将回顾5个最常见的思维定式（曾在第六章中出现过），探讨它们如何削弱创业过程。并探索新思维和新行动方式，帮助伟大企业家克服这些具有局限性的思维定式。

揭开创业神话的真相

伟大的企业家都听说过关于创业过程的神话。这些神话，如果为人们所相信的话，就会变成有关成功企业家的思维定式基础。为了帮助你清楚评估创业过程，我们将回顾以下最常见的神话：

■ 神话1：如果我在工作中能管理好团队，我就能成为一个成功的企业家。

这种神话不是事实。事实上，公司领导者和企业家思考与行动的方法、逻辑不同。公司里的独立销售商、经理、高级领导者经常运用因果或预测逻辑，这种逻辑可以表述为“我们在多大程度上预测未来就能在多大程度上控制未来”。这种思考和行动方法基于以下原理：

1. 获得了信息就能预知目标和达到目标。

2. 获得了足够信息才能进行有效分析和测试。

3. 有了工具和框架就可以进行决策。

4. 即使受到一系列限制也能找到最优解决方案。

5. 风险可以通过分析降到最低或得到缓解，最终达到最优效益。

6. 外界组织机构可以看作是未来竞争对手和障碍。

经营计划、项目管理、风险分析和财务预测等都是我们根据以往经验预测未来时，假定的传统经营过程。

最成功的企业家采用的逻辑往往差别很大。“那是一种创造性的逻辑，可以表述为：我们能够控制未来的话，就不需要对未来进行预测。”萨拉维斯采访了245位美国企业家，他们都至少有15年的创业经验，公司多种多样，有成功的也有失败的，收入一般在650万和两亿美元之间，并且至少有一家上市公司。她总结说，最成功的企业家经历了一个“行动—学习—重复的创新过程”。她采访的大多数企业家，初创企业时大脑里都有长远目标，他们依据当时最可靠的信息和资源采取行动。然后，他们采取客观的方法，而不是借助先入为主的观念和假设来评价行动结果。再根据前期行动分析得来的经验采取下一步行动。重复着行动—学习—重复的过程。因此，整个创业过程是一个发现的过程，是一个创造性的行为。尽管采用预测逻辑在创业过程中有一定作用，但是成功的企业家宁愿创造而不是预测。所以，如果你现在是一家公司领导者的话，你很可能具备了应对大规模组织机构经营挑战的思维定式。这种思维定式一般基于预测逻辑。要想成为一个成功的企业家，你必须要建立一个思考、行动、管理和领导的新思维定式。为帮助你重构你的思维定式，你可以在创业前问自己以下问题：

1. 将你的逻辑从预测型转换成创造型，对你来说容易吗？

2. 你面对不确定的情况时感觉轻松吗？

3. 摒弃先入为主的观念采取行动，你的创新性有多大？

4. 在行动结果未知的情况下，你有多大胆量继续采取行动？

5. 当你的早期结果没有达到预期时，在评价结果和选择下一步行动时你能够保持客观吗？

■ 神话2：成功企业家在创办公司前必须制定一个经营计划。

这也不是事实。事实上，创业的概念已经发生了变化。在萨拉维斯采访的CEO中，有60%没有制定经营计划，只有12%以传统的方式做了市场调研。大多数成功企业家创业时不是运用预测型逻辑制定经营计划，而是在整个客观发现中边行动边学习，在行动和学习中不断提炼观点。他们的目标是发现具有重复性和伸缩性的经营模式。许多企业家没有指定经营计划，他们运用亚历山大·奥斯特瓦德和伊夫·皮尼厄提出的“商业模式画布”过程路线图和指南来发现经营模式中的关键要素。根据这个路线图，企业家们对经营模式中的9个构成要素分别建立假设，之后采取行动一一对假设进行测试。发现过程的关键是要承认“轴”的存在，明白何时换挡改变方向。埃里克·莱斯是技术领域的企业家，他说：“通过各个轴，我们能够创建公司，创建过程中早期观点失败的话不代表整个公司失败。”

一旦企业家们发现一个差异化、可重复和可扩展的商业模型，就需要资本去执行，然后就要制定一个经营计划。制定综合性经营计划，包括市场调研和预计财务报表，主要是为了融资。不管采用何种传统资金形式，如银行贷款、社区发展金融机构贷款、小额借贷等，还是通过天使投资和风险投资获得主权资本，一份慎重的经营计划是必不可少的。即使是采取非传统融资形式，如众筹方式融资，某种形式的经营计划也是必需的。

■ 神话3：要想成为成功的企业家，就要想出一个与众不同的创意。

绝对不是这样的。首先你要想出一个别人未曾想到过的创意是不大可能的。事实上，你想出的想法，别人很可能也想过。这个神话隐含的是对创业普遍担忧的心理。在我的巴布森班上，不止有一个学生问到：“我如何阻止他人窃取我的创意？”我的回答是：“创业是具体的实施，许多人可能会有相似的创意，但是不一定都去行动，不一定都去实施。问题是，你对你的创意有多大热情，你想付出多少努力来构建机会创造价值？你一旦构建了机会，设想了原型，或者是可以申报专利的其他知识产权形式，那么你就要保护它，但是许多创意是无法申请专利的，大多数创意都要具体实施。所以，创意不是摆在桌面上的。”

通常最好的创意都是些最简单的想法，目的是要解决某个问题、满足某种需要等。有创新精神的企业家总是在问如何能够更好，如何能够解决某个具体问题。其次，创业过程是一段发现的旅程，成功的企业家一般跳过传统的创意构思或创意头脑风暴阶段，直接从现有的创意开始。萨拉维斯采访的成功企业家，他们的创业方向是方法驱动，不同于公司领导者的目标驱动方向。事实上，她认为专家型企业家如同主厨一样，他们的成功是不断面对挑战，根据有限的食材做出顾客想吃的美味。与此相反，公司领导者决定做浇番茄汁烤宽面条时，他们先列出个单子，然后去超市购买。买回来后就开始一步步地做——剁肉、加料、搅拌，以最高效率、最低成本做好这道面条。企业创新过程“不以具体目标开始，而是以一系列既定的方法开始，允许目标在创业者及与之互动的人变化莫测的想象和各不相同的愿望中随着时间流逝灵光乍现”。

那么现在的问题是：你的手段是什么？你要用什么食材创造新花样？成功企业家一般都给他们自己提出以下问题：

我是谁？我的独特天赋和才能是什么？我对什么最有热情？首先不能忽视的是要客观了解你的核心强项，如何利用这些强项创造价值。我善于发言吗？我是个有创造力的设计师吗？我是个好厨师吗？我是名好教师吗？我天生就具有分析能力吗？我喜欢与他人合作吗？我是谁？

我知道什么？除了了解你是谁，重要的还要评估你知道什么，包括专业和个人两方面。许多人开始创业，是因为他们在某个行业中为别人做事做得很成功，他们发现市场与顾客需要间存在某种缺口。还有一些人开始创业是因为他们在自己专业领域里发现了问题。问一下你自己：我熟悉的专业领域是什么？我具有哪些专业经历？在个人方面：我有什么爱好？根据我的个人经验，我对什么了解最多？它对我的最大影响是什么？正如我们所知，我们都有独特的天赋和才能，要想成为企业家，我们就得从这里开始。另外，我们都有独特的经历和独特的生活环境，这些都塑造了我们是谁和我们知道什么。因此，企业家必须客观地评估其天赋，评估他们的环境和经历所带给他们的独特技能、专业知识以及对世界的独到见解等。例如：我最近辅导了一位企业家，她从小身边就围绕着糖尿病人，她的祖母、父亲、叔父、叔母，还有许多朋友的父母也都在此列，这些人一直在与这种疾病作斗争。她观察到这些她所爱的人，想吃到维持健康所需的可口食物时所面对的打击和困难。

她现在想凭借她的经验和对家人的关切，在她的国家寻找战胜糖尿病的机会，开发某种能降低血糖的健康小吃。要想成为客观企业家，就要求你充分利用你的所有和所知去创造价值。

■ 神话4：初创企业时，我要戴着老板帽，还要自己动手做一切。

过去是这样，现在不是了。事实上，“全球创业监测2010马萨诸塞州报告”显示，建立团队是创业过程的关键一步。个体创业的成功率低于团队创业。调查发现“早期商业阶段（58%）和稳定商业阶段（82%）的大多数企业都是由个体创建的，即大多数企业家都是独自开创和经营企业的。然而，相对于稳定期商业阶段，在早期商业阶段由团队开创和经营企业成功的可能性更大，这是个肯定信号，因为研究发现，团队开创和经营企业更容易取得长期成功。”

这是有道理的，因为如果没有具有特殊领域专业知识人员的支持，几乎不可能形成规模经营。经营男士配饰的企业家文森特，失去了跟主要零售商的关系，现在看来他最大的错误是没有建立团队。他自己顾不过来，最后零售商对他公司满足摊贩要求的能力失去了信任。

到目前为止，你已经评估了经营方法，确定了你是谁和你知道什么。下一步就是要考虑你认识谁。成功的企业家们一般会在创业初期多倾听他人的意见，他们考虑每一个他们认识的人，包括专业人士和非专业人士。开始这个过程最好的方法是，写下跟你在同一个行业或一起工作的你敬佩的那些人（包括他们的人格魅力和知识）。例如，如果你敬佩某些人的职业道德、耐心、同情心、专业知识等，就把他们的名字写下来；如果你敬佩某些人的创造力和独到见解，也把他们的名字加在这个名单上。如果你断定你非常擅长产品设计，但是不擅长销售和开拓市场，那么就想想你认识的那些有销售和开拓市场技巧的人。许多企业家，他们有很好的商业头脑，但是不一定在经营和财务管理上有头脑。尽管你能在产品设计上下功夫最大程度地满足顾客的需要，但是你可能需要有人来帮你管理供应链、制造环节和销售环节。另外，你可能还需要有人管理那些数据保证你的企业盈利。

一旦你确定了为你的经营增加价值所需要联系的人，下一步就是将他们纳入到你的视野，这样做意味着你和他们一起努力。这些人通常被称作自选股东，即他们将知识和资源投入到创业中。你建立了一个自选股东团队后，就要改变你的方法。你不仅拥有你自己，了解你是谁，你知道什么，你认识谁，你现在还拥有他们，了解他们是谁，他们知道什么和他们认识谁。充分利用自选股东的强项、知识和资源将帮助你降低风险。

■ 神话5：要对我的企业真正充满激情，我就要拿一切冒险。

我过去也有这个想法，并因此损失了太多，而且我不是唯一有这个想法的人。10—15年前，就有网络创业模拟培训，采用的思维定式是如果企业家不愿意拿一切冒险（包括当时的薪酬、存款以及母亲的房产等），他们就不是真正地想要成功（所以，他们从来都没有在模拟中成功过）。即使是现在，借贷人和权益投资人都不希望企业家拿一切来冒险，他们还是要求所谓的“利益共享，风险共担”。成功的企业家都理解这个做法，他们都会对即将承担的风险做出自觉选择。萨拉维斯将此称为担得起风险原则，也就是说，成功的企业家将创业看作是探索的机会：“他们先确定自己愿意承受多大损失，然后再创造性地充分利用有限的方法生成新结果和新方法。”向你自己提出以下问题：要探索这个机会的话，我所能承担的损失是多少？如果我是投资人，对我的想法和团队进行客观评估之后我愿意投资多少？而对于成功的企业家，他们也要对机会成本进行评估，你要对自己提出的问题是：如果我放弃了工作，自己创业，我将付出什么代价？工资、原有的发展前景、名声等等？最后，成功企业家还要决定他们对个人冒险所能承受的范围。你要错过多少次小型联赛？要跟对你重要的那位推迟多少次晚上约会？你愿意在多大程度上改变自己，并且可能伤害到你跟朋友和家人的关系？这些都是关键问题。客观企业家，看事情时看其本来面目。对于这些问题，不仅仅在开始时问一次，而是要在整个过程中所有关键里程碑问问自己。

■ 神话6：依靠资本是经营失败的第一大原因。

小企业的失败率很难确定。根据彭博发布的信息，10家企业中有8家在18个月内倒闭。法萨尔·豪克在其发表的有关“2012快速发展公司”的一篇文章《多数风险投资公司失败的原因》中，引用了哈佛商学院西卡·戈史的研究成果。“戈史的研究表明，多达75%的风险投资公司从未给投资者带来现金回报，加上30%—40%的清算资产，投资人损失了一切。他是基于2004至2010年对2000多家融资在一百万美元以上的风险投资公司的研究得出结果的。”比例为何如此之高？用完了现金，依靠资本是大多数企业失败的主要原因，但事实并非如此简单。通常原因远远不止于此。首先要问的是，企业家做出了怎样的决定和假设最终导致了这个问题？

> **经验教训**
>
> 在我的案例中，有8周多时间还没有从南非接到货时，我选择了订购更多品种的饮料，满足顾客的需求。订购多仓储多造成了很难保证收回足够款项付款。由于总是用光现金，最终无法付款终止了我的分销协议，尽管这可能不是唯一的原因。我认为供应商会跟我合作解决资金周转问题，因为我的销售额占了全美国的75%。我还同样推理，我们是合作伙伴，在美国建立市场，他们应该对此宽容，因为按照合同框架他们没有给我提供商品的话是他们违反合同。我的假设是错的，甚至是有点天真。

说到底，是成功还是失败主要取决于企业家的执行力。在企业家失败原因列表中处于最上面的是缺乏领导力，或者说对商业经营缺乏客观的认识和回应。《纽约时报》撰稿人杰伊·戈尔兹说得最好："企业失败最主要的一个原因是企业老板不能够摆脱一意孤行，他们可能是固执己见、不愿承担风险、不愿面对冲突，也就是说，他们需要被每个人喜欢（即使是做不好工作的员工和摊贩）。他们也可能是要求完美、贪婪、偏执、自以为是、愤愤不平、缺乏安全感等。你发现了问题，有时将这些问题反映给老板，他们会意识到你是对的，但是还是继续一次次地犯同样的错误。"

由于我们已经了解了大脑的思维定式和自动反应原理，因此我们当然明白原因。即使企业家们意识到原因出在他们自己身上，他们也不能改变他们的行为。大多数企业家不了解思维定式，不知道那些常规想法和行为是如何形成的。他们还没有学习如何开发自己的能力改变限定他们或具有破坏性的思维定式，他们成了自己思想和假设的受害者，他们只是不明白自己可以有选择地采取不同应对方式来应对创业过程和不断变化的商业。

企业家要避免的5个错误思维定式

既然我们已经揭开了神话，下一步就要介绍企业家一定要避免的5个最常见且错误的思维定式，以及如何转换无效思维定式，重构创业过程的新思维定式。

■ 缺乏安全型：我不够好，我不能接受现在的自己，我能力有限。

首先来看一下我们许多人都有的这种不安全感。在第六章里我们学过，许多人总是要构建其他思维定式通过否定这种不安全的挑剔感对其进行补偿。对于许多企业家来说，创办企业成了他们与世界沟通其价值的手段。这是第

经验教训

在我的案例中，离开美国运通公司后，创业成了我自我感觉良好的原因。回忆一下第一章里的现实提示：你担心时能够保持客观，并做出正确判断吗？我当时担心的是什么？失去业务，失去名声，还是失去自我概念？我随后所做的许多决定都受到担心失去业务的影响，那样想就会感觉良好。因此，我当时不够客观。

一个认知错误——对创业投射过多意义和价值，这也是我所经历的。对于许多企业家来说，不是为他人创造价值，而是感到价值感。企业家们要记住的第一件事是他们不是所要经营的业务。回到我们的主客观逻辑关系上：你所意识到的一切、所经历的一切都是你意识的客体，而不是你自己。因此，企业家是主体，而经营的业务是客体，所以企业家不是他们所经营的业务。

基于我们对创业过程的最新理解，我们知道企业家致力于创造和发现经营业务。每天的每一刻，企业家们都在根据潜在假设评估形势、制定决策和采取行动。他们面对的挑战是他们所做的决定和由此采取的行动是基于他们的假设，依据是他们所相信的一切，包括他们对自己的认识。如果他们缺乏安全感，认为自己不够好，那么他们的许多决策就有可能受到这个假设的影响。

下面将重点讨论那些我们为了感觉良好而创建的常见思维定式：外部评判型、竞争型、完美型和控制型。

■ 外部评判型：我需要他人喜欢我，认为我聪明。

最削弱企业家的一种思维定式是外部评判型。我们都知道，对于许多人来说，他们的自我价值与他人如何看待自己紧紧相联。根据《2012年美国全球创业监测报告》，“企业家和非企业家非常相似的想法是，创业是良好的职业选择，创业给人带来好的地位。”这种对外部评判的需要会非常强烈，企业家必须要批判性地检讨他们的动机。如果为了让他人认为你做出了好的职业选择，或者为了达到某种等级的地位，而考虑创业还是继续呆在业绩下滑的企业，这样做具有非常大的危害性。

需要外部评判的企业家一般都不能制定正确的商业经营决策。有些企业家犯的错是过早放弃在家办公，而组建公司，因为他们认为这将向他人表明他们的成功。还有些企业家向他人夸大他们的进展、销售额和战略合作伙伴，也常常让他们自己相信这些夸大的说法都是事实。

对于许多企业家来说，商业经营立刻变成了他们的身份。你是否注意过企业家不停地大谈他们的经营之道？这要么是激情的信号，要么是妄想的信号。在最近的一次客观性与创业培训班上，我讲了一个企业家的故事。她说她跟她的经营业务分不开，有时朋友邀请她外出参加一般的活动时，她的谈话除了讲她的业务就没有别的。有一天，她发现她的朋友跟别人在一起没有叫她，她受到了伤害，她问其中的一个朋友时，那个朋友跟她说“你除了讲你的业务，没有别的，你不像过去那样有趣了。”然而，这不仅仅是因为你没趣，也不仅仅是因为你讲了太多有关自己业务方面的事，关键是你是否能够客观，是否能够做出

经验教训

回忆以下现实提示：你完全被工作所占据或者被你的角色所占据时，你能够客观吗？如果你的业务变成了你的身份，如果你的业务变成了你接受外部评判的基础，你对你的业务还能够保持客观吗？答案是否，不可能。这是我当时的认知错误：放大了自己业务的价值，将其作为衡量自己价值的基础。我认为这是我当时看不到事物真相、损失惨重的一个原因。我刚成为果汁夫人时，我的身份和我的个人价值就跟我的业务连在了一起，我无法将其分开。当收到第一批集装箱订单时，即使对于主要分销商来说这也是一笔大订单，于是我感到自己很了不起。有时事情的发展出乎意料时，我就会想这事怎么会发生在我身上呢，于是我就设法寻找合理理由。

正确决策。

我经常听企业家们说“我的企业是我的宝贝”，我也有同感。这的确是同样的事情，它关乎你的身份。大多数父母都有作父母的同感，许多父母认为他们孩子的行为以及是否由此取得了成绩都反映了他们自己。许多父母还为他们的孩子辩护，他们可能忽略了孩子的缺点，他们可能过分夸大了孩子的优点，他们可能给孩子施加了太大的压力，在他们还没有准备好的时候就要求他们成功。这些话听起来熟悉吧？把你的企业看作是你的孩子是否有可能降低你看清事物并做出正确判断的能力？

然而，激情是重要的。热爱你所从事的事情，对你的企业充满激情是成功的关键。所以，你如何能热爱你所从事的事情，对你的企业充满激情，而不对此产生身份认同或妄想？你如何能转换这种无效思维定式，做出更好的决策？

新思维方式

首先看一下关于创业过程的新数据。我们知道，在学习革命过程中，要想改变思维定式，新信息对知识的积累和顿悟的产生必不可少。你必须要决定旧思维定式不再有效，不再适合你。成功的企业家在考虑创业时持有高度客观性，他们是靠方法驱动而非目标驱动。他们首先对自己、对自己所知及其认识的人进行评估。他们了解自己，看重自己，并且尽力运用他们的核心天赋和长处探索潜在机遇。他们的经营理念是，他们有可能成功，也有可能失败，但是他们已经决定按照预期设想去实现他们的想法。成功的企业家会对投入的时间、金钱、个人精力等做出客观评估。他们知道，在创业过程的发现阶段他们需要照顾好自己和家人，他们已经决定如何行动。他们抛弃了激情意味着拿一切冒险的思维定式，不让经营限定他们，而是他们限定经营如何适应他们的生活。关键是他们知道自己不是他们所经营的业务。

■ **竞争型：我总是拿自己跟别人比较来确定自己的价值。**

我们在第六章中看到，我们许多人总是拿自己跟他人进行比较，而比较之后总是感觉自己不够好，这是个常见现象。我们什么都比：比年级、比学校、比入学、比担任的职务、比头衔、比开的车，还比房子。毫不奇怪，企业家也这样做。竞争型企业家一般人为地为成功设定基准。在最近的一次培训课上，一位非常自信且好胜的企业家走来对我说，他担心两年后，他的企业只是一个百万美元企业，而他期望的是十亿美元的企业。我问他为什么给自己施加那么大的压力，他抱怨说，培训班里的其他人都比他的利税高。我问他为什么要自寻烦恼。以他人业绩为依据来主观确定你的企业目标会蒙蔽你，使你做出不当决定，迫使你给自己施加不合理的压力。所以，既然有了客观基准为何还要人为地再设置一个呢？观察一下行业的盈利状况、偿债能力和流动资金情况可以帮助你分析你目前的财务状况。实际上，我和巴布森的一个研究生一起研制了“企业优势工具”，它是个操作简单、全面综合的Excel工作手册，可以帮助企业进行这样的客观分析。

■ **完美型：我所做的一切都要求完美。**

这种思维定式是许多企业家一直保持独自创业的一个原因，也是他们一直带着老板帽极力保持企业家形象的原因之一。许多企业家不能建立起团队，因为这种思维定式促使他们自己处理一切从而保证不出问题。他们不能容忍事情出现不完美，一些人不参与企业各项事务的话甚至身体就会出现不适。显然，这不是可持续发展。最终结果是，企业家会被压垮而被迫求救，但有时为时已晚。

我们已经学过，创业过程实质上是采取行动—学习—再采取行动的过程。

完美型思维定式的另一个问题是造成麻痹。这些人对形势过度分析，得不到完美信息就感到不踏实。我们现在知道，没有完美信息这回事，而且成功的关键是依据已有信息采取行动，以行动结果为轴心而感到坦然。成功的企业家不仅学会如何寻找轴心，他们也学会如何围绕轴心评价机遇。对于他们来说，这意味着他们已经学到了关于经营模式的新知识——客户、竞争、战略伙伴等，这些带来了比最初设想更好的机遇。但遗憾的是，有些要求完美的企业家，他们对寻找轴心的解释是原来的分析是错误的，现在的关注点是将一切拉回正确轨道。

新思维方式

世界不可知，无法预测、无法控制，当结果有可能不可避免地出现失败，我们谁能做得起完美主义者？尽管有些公司领导者可能感到更加有把握，带着控制、预测和可知的幻想进行经营，但是企业家必须理解和接受现实并在现实中壮大企业，因为企业家没有把握，完美不是目标。

■ 控制型：我必须能控制我的环境。我的自我概念基础是我控制人和结果的能力。

完美型和控制型的思维定式经常一同出现。许多企业家做出这样的假设，即如果他们一切都做得完美，那么他们就能够控制结果。这是错误的。我敢肯定，我们都可以想到一些情形，在这些情形中，我们做了每件力所能及的事，我们把这些事做到极致，但仍没有达到想要的结果。

新思维方式

在第六章中我们讨论过，客观性四个基本原则中有个原则——“我们无法永远控制我们的行为结果。”尽管我们能够知道他人的行为和动机能对我们的结果造成影响，这些可以认为是已知变量，但是我们不知道影响的程度。还有一些不可知变量，那些我们根本无法预测的结果，那些可以改变我们行为的结果。企业家必须放弃控制外部因素的要求，学会客观地应对预料之外的事情。既然我们知道创业过程更像是客观发现过程，那么企业家开始时就应将控制型思维定式转向预测和接受意外的思维定式。当事情超出了他们的控制并对结果产生影响时，他们要做的不是感到失望，而是必须要想想他们都学了哪些知识，为下一步确定最好的行动。没有柠檬也要造出柠檬水！成功企业家对控制的唯一兴趣是让自己有足够自觉去控制他们唯一能够控制的事情，那就是他们自己以及他们对不可控之事的反应。他们的关注点是在采取行动前对他们的潜在假定进行质疑和评估，要深切认识到他们的触发器，由此在转换这种无效、有限思维定式的过程中降低对意外形势的过度反应。

企业家的转变故事

显然，创业过程的中心是企业家。企业家如何看待自己，如何看待创业过程，如何看待世界引导着他们的每个思想和每步行动。我最近辅导了一位非常有能力的可爱女士，已婚，三十五六岁，刚辞去她的固定工作，想做咨询工作，想要更多灵活性，所以决定要自己创业。她感到失意，是因为她清楚地知道，是她自己妨碍了自己，现在想停下来。她去上了我的一堂课，学了些基础知识，但是没有记住如何开始转换无效思维定式的过程。以下是她用自己的话，对她如何转换思维定式的描述。

> 我是个独立的人，过去总是喜欢质疑权威，走自己的路。我总能发现难题，并喜欢战胜这些挑战。我是个典型的要求成绩超过预期的人，我极力要求完美。学术上，我在一所大学毕

业时是班上的尖子生，然后继续到耶鲁读研究生。从二十几岁开始，我就经历了不同职业，我教过数据分析，也做过销售。做企业家一直是我的梦想，整个职业生涯中，这个梦想一直潜藏在我的大脑里。不时想起来，但是却令我异常难过，因为要考虑到创业，还要爬上公司的高位。我似乎总是遇到些糟糕的老板，他们不支持我取得成功。相反，我感到他们受到了我的威胁，一心想控制我。我在巴布森学完MBA，后又被一家制药公司解雇，我就决定是该创业的时候了。我有想法，也有合适的背景和技术，还有相关领域的同事圈可供利用。

开始了这段旅程后，我开始意识到是我自己挡了自己的路。我发现，成功本该建立起我的自信心。我通过潜在客户验证这个概念，显然有市场需求。我加入了为初创企业提供技术孵化的“微软创业扶持计划”，我建立了进入市场所必要的关键战略伙伴关系。但是，我意识到，我的自我怀疑正侵入我的思想，并将我淘汰出局。正常情况下，我能够打起精神，通过会议和陈述渡过难关，但是一直怀疑自己的感觉渗入到了整个思想中，总是瞬间击垮自己。

我经常的想法是，不管是谁见了我本人，都不会把我当回事，只有在电话里我才会得心应手。我想是我的长相和面貌让我缺乏信心，出现状况时（这种情况经常发生在企业家身上），我发现自己在说，看到了吧，你不行。你跟谁开玩笑呢？你永远也做不好的。理性告诉我这种想法很愚蠢，但是就是挥之不去。我知道，我只有改变才能成功。如果我不改变，我的余生将为别人打工。

因此，每当我认真考虑客观性这一概念时，就会记起在巴布森课上学到的一切，我感觉那似乎就是答案。从外面往里看，我找到了任何一个有理性的人想成功所需要的一切。我邀请伊丽莎白·桑顿共进午餐，从那里开始了我真正的转变。

我的思维定式不再适合我的想法（实际上跟我对着干）惊醒了我，于是我下定决心让它停止，但是今天在写作此文时还是在使用它。我想咬住我的手指头，改变这样负面的自言自语。我知道这不容易，我要做的是搞明白：（1）我的思维定式是什么，它形成的原因是什么？（2）我需要什么样的思维定式指引我继续前行？（3）我如何彻底改变自己，打开我通向未来的大门？我今天已经开始考虑问题（2）和（3）。回顾人生走过的路程，我慢慢开始意识到我创建了几个思维定式，这些思维定式目前还在运行中，它们包括：

非天赋型。我生来就没有什么擅长之处，我的成功来自于艰苦努力。

预测困难型。生活确实不易，你要坚强面对一切。别人总想不让你成功。

权威可恶型。权威人物缺乏能力，企图不良。

回过头看，我意识到这些思维定式是如何形成的。我的童年并不快乐。成长的过程中，家里总是有人说我没有天赋，缺乏能力，但是因为我非常努力，我能够克服这些缺陷。生活处处步履艰难，要想出人头地，你就得做好准备，比任何人都要努力。我父亲在精神上打击我是常有的事，所以我很早就学会怀疑权威。它如何影响我成年生活的呢？我总是故意对抗老板一类的权威，这种做法进一步巩固了我的理论，即权威注定可恶，生活不会一帆风顺。我的“非天赋”型思维定式，总是令我忽视了我的天赋，对我的天赋没有信心，认为我的成功归功于充分准备。这种思维定式从未给我带来任何自信，我总是感觉自己准备得还不够充分。要想成为一个企业家，你要有自信。如果你不相信自己，没有人会相信你。以上是我在成功路上的主要障碍。当创业者满脑子疯狂的想法，我如何能成立一个组织，让别人相信？该停下来了，到了破茧而出的时候了。

当我开始将这些思维定式与我的行为联系起来时，我觉得一下子解放了，但是自我怀疑的感觉依然存在。我意识到我需要“解开”旧思维定式，创建新思维定式。我如何能做到呢？首先我必须写下我对自己的真实看法，客观的看法，即我的新思维定式是什么？

1. 我是个具有创造性、认真负责的人，具备许多使我成功的天赋。

2. 如果你想做某事，不一定困难重重。要乐观，他们不会辜负你的。

3. 权威不一定，也不总是不好（或者好）。

我决定，为了要相信这些思维定式，我要与它们共处。为了与它们共处，我要相信它们。哪一个在先呢？我决定先到处贴上标签提醒我以下事实："我独一无二"、"我聪明"、"我富有同情心"等。还有一些肯定的提示贴在卫生间里、厨房里、书桌上和车里等。只要是我独自呆过的地方都贴上这些标签，提醒我真正相信的事情。但是否定自己的自言自语还是萦绕心头，无法摆脱。

我养成了记日记的习惯（现在不记了），日记成了加强新思维方式的重要方法。我记下我的成功、失败和挫折。有时，我感觉自己又回到了旧模式中去了，所以就写下所发生的事情，并对其进行分析。这种情况经常发生，因为那时我做销售工作。我们每天面对的大多是拒绝，这是个人发展中的成熟期！我的老板有一次对我说，我应该在每月业务发展例会上更多地从战略角度表达自己的看法，因为我没有让公司组织层看到我给公司带来的价值。过去的我在那一刻又跳了出来，我立刻得出结论，别人不看重我的想法，而那是由于天生（或后天）的某些原因。

那天的心情特别糟糕。我记下所发生的这一切时，一切都变得很清楚，我的推理又受到了旧思维定式的控制。我的上司这样说，他可以找到一千个别的理由：我是新手，我还有很多诀窍需要学习。或许，他是想说服我让我更加肯定自己，因为他信任我。我将这一切写下来。有一点逐渐清晰的是，没有清楚的解释。一天结束时，要看我选择如何想问题。我有控制权，而不是被控制。一段时间以后，还没等那个旧我开始伤害我的时候，我就选择避开而不再与其争吵了。

还有一个例子。有一天我走进银行要给我新创建的企业开户时发生了一件事。我走来走去的时候，碰到了我们副总，他看起来像是要从我的外表评判我的那种人。用我的话说，他看到我的样子就好像把我当傻子一样。站在那里等他打完电话，我就开始想，我是选择认为他根据我的外表来评判我，还是相信他不会这样看我。我想起了我的一个标签“我独一无二”，我的与众不同说明我会更令人感兴趣。说不定他会喜欢我，对我有信心。我采用了不同的思维观念，看重我所拥有的而不是没有的。

我坐了下来，直视他的眼睛，温和地微笑着。这次的见面太棒了，我走出银行时手里拿的不仅仅是个支票账户。他把我介绍给了支行经理，说我的业务在发展过程中，他们会很有兴趣尽力帮助我。几天后，他给我打电话，很真诚地说时机合适时他会帮助注资。这件事让我感觉特别舒服，我认为我感觉特别好。

虽然缓慢，但的的确确，这份工作开始改变了我的思维方式，我的行为以及我的生活。我的体重降了15磅，我注意到我不再看重充分的准备，而是让自己保持舒服的状态。一切都在开始改变，我不再靠不停地吃东西来麻痹神经，我感到了整个人都变得心平气和，我开始接受我自己，不是我过去认为的自己，而是现实中真实的自己。尽管我还在创业路上，但我感到最终会走上正轨。我相信，实现企业家的梦想将会引领我，把我塑造成我想要的那样：自信、乐观，富有同情心和安全感。

读到这里的时候你可能要问，我是如何迈出第一步的？我现在告诉你，我的第一步是想要有所不同，非常渴望想要有所不同。为什么？因为它给了我改变行事方式的动机、动力和力量。我每天还坚持锻炼身体。每天看到了结果就会让你继续下去，而且会越来越容易，但是你对于改变的益处的渴望一定要大于对旧思维定式的渴望，否则你无法坚持下去。与身体锻炼不同，工作给未来带来红利。我这样说的意思是，如果6个月不锻炼身体，我可能就失去了所有优势了。然而在整个改变过程中，我没有看到这样的现象，它更像是骑自行车，你一旦学会了就不会忘记。是的，你有时可能会从自行车上摔下来，但是只要你能再骑上去，你就能骑着它想到哪就到哪。就这样它会彻底地击败旧方式。不需要动脑，大家也会注意到不同。你要先弄明白你的思维定式，然后找个你信任并且了解你的人，一起对你的想法进行论证，共同面对它：我们可能认为我们了解自己，但是我们可能过多关注某些方法，或者忽视某些方面。第二步要做的是，通过不断尝试新行事方式实现这个思维定式。你要明白，在你做事过程中会与不再适合你的旧思维定式作对，有时在你的大脑中会飘起红旗，你要弄明白红旗出现的原因[①]。一旦你看到了红旗，就要加以干预。要提前做好干预，你认为自己错过了“登船”的良机时，要仔细分析情况。下一次你就会有进步。

① 海滩地带，当飘着红色的旗子表示任何人都不能下水。蓝旗表示儿童下水会有危险。

我希望你能仔细想想这位女士说的话。坦白地说，我很为她感到高兴，因为在非常短的时间里，她能够转变她的思维定式，她不再是自己思维的受害者，她不再受到自己想法的限制。她的例子最好地诠释了加强注意力的力量，加强注意力及专注对改变无效、破坏性思维方式必不可少。我希望她的故事能够启发你。第十章，将为你提供具体工具，这样你可以决定是否或何时自己走出来，开始创业，拥有一个客观方法帮你创建一个持久商业模式。

CHAPTER 10

THE OBJECTIVE ENTREPRENEUR'S BUSINESS MODEL MAP

· 第十章 ·

持续发展商业模式路线图

既然你理解了创业过程和企业家如何真正思考和行动，那么，下一步就是要运用相应工具帮助你启动。目前市场上存在几种高效工具、方法和框架，帮助企业家开始创业和发展已稳定企业。如果你已经是个企业家了，你可能见过亚历山大·奥斯特瓦德和伊夫·皮尼厄提出的“商业模式画布”，埃里克·莱斯“精益创业”方法，或者还有史蒂夫·布兰克的“精益创业手册”。尽管每一种方法都有其独特价值，但是所有方法都基于新思维方式，即创业过程是个客观发现过程。以下是对每种方法的简介。

莱斯提出，“精益创业方法是用来指导你如何开始创业的，创业初期不是要根据一系列假定制定复杂计划，而是要把握所谓的“创建—测量—学习”反馈环方向盘进行不断调整。在这个转向过程中，你能够了解要进行突然转向，还是要保持当前方向继续前进，如要进行突然转向，何时是合适时机。”

莱斯方法的核心因素是最简可行产品（MVP）。所谓最简可行产品，是指具有最基本特征，通过测试并收集用户反馈获得收益的产品。他推荐的第一个步骤是，找出一个需要解决的问题，然后开发一个MVP，尽可能快地开始这个学习过程。MVP一旦建立后，初创企业就可以根据机会不断对其进行调整。测量和学习阶段正确操作后，公司就会清楚是否要发现一个可持续商业经营模式。“如果不需要，这就是个信号，这时就要进行转向，或者说进行结构方向矫正，对产品、策略以及发展引擎新假设进行测试。你的引擎一旦加速，‘精益创业’理念将提供方法使企业以最大加速度形成规模，逐步发展。”

“商业模式画布”，是我们在巴布森帮助引导学生完成创业过程中使用的应用工具。奥斯特瓦德和皮尼厄如此描述这个画布：“它为企业家提供9块积木来描述、设计、挑战、发明和调转商业模式。这个应用工具所基于的定义是商业模式描述了一个组织创建、传递和捕捉价值的基本原理。”

最后是“精益商业模式课程”，借用了奥斯特瓦德和皮尼厄的作品，它基于以下主张，即创业公司并非大公司的迷你版，这些大公司的知名商业模式是从根本上采用预测手段去解决问题和制定决策。创业公司作为临时组织机构的目的是通过测试假设，不断收集早期顾客反馈和为潜在客户演示MVP，探索可重复和规模化的商业模式。精益商业模式课程告诉企业家，创立企业是个探索的过程（客户发现和验证），也是一个执行过程（客户创新和公司建设）。

“持续发展商业模式路线图”，基于已有理论而进行取长补短，提出新风投企业的创业与企业家不可分割，企业家的客观能力最终决定其成败。无效的思维定式经常妨碍企业家测试假设、对客户反馈做出客观反应以及确定何时进行转向的能力。“持续发展商业模式路线图”的目标是关注经营模式发现过程的关键因素，提供有益建议和新思维方式，保证你在创业过程中拥有更大客观性。

“持续发展商业模式路线图”包括经营模式发展的四个主要领域：价值主张和目标客户、渠道和客户体验、基础设施和资源以及财务活力和资本获得。

持续发展商业模式路线图要点：

1. 创业是客观发现过程。

2. 成为一名客观企业家意味着你是主体，你不是你的企业。

3. 客观企业家框架：

（1）首先确定假设、偏好和预期。

（2）不带偏见地确切阐述要测试的假设。

（3）设计让客户直接参与的假设客观测试过程。

（4）从行动结果中学习，避免长远影响。

（5）不根据具体预期采取下一步行动。

价值主张和目标客户

大多数企业家都是带着要解决的问题开始创业过程的。从他们的经历或他人的经历中，他们确定了还没有得到真正满足的需要、不需要再忍受下去的不便或者一个真正需要解决的问题。这就是价值主张，即你的产品或服务为消费者解决问题或满足消费者需要所提供的价值或利益。认识或确定问题时，企业家一般要设想目标客户，这两者很难分开。客户是具有某种需要的某个特定人群或组织，你想要满足他们的需要，缓解他们的痛苦，解决他们的问题。当然，当问题和客户首次出现在企业家头脑中时，出现的不是所有潜在客户或目标客户，这时，企业家必须抛开对客户的首次假设，重新对需要解决问题的某个特定客户群体确定假设，然后再探索其他潜在目标客户。

问题是，企业家经常对潜在客户的需要和支付能力做出假设但却不与他

客观企业家经营模式路线图

要素1 独特价值主张(UVP)和客户	要素2 渠道和客户体验	要素3 基础设施和资源	要素4 财务活力和财务要求
确定问题 • 问题是什么？ • 问题的恼人之处是什么？ • 没有满足的需求是什么？ • 谁存在这个问题？ **核心价值主张（CVP）** 核心利益是什么？ **客户** 列出所有可能从CVP中收益的潜在客户。 列出所有潜在客户的UVP。 **最简可行产品（MVP）** 可能情况下，为每位目标客户创建产品，验证对客户和UVP的假设。	**渠道** 针对每位客户/UVP，提出以下问题： • 我的客户想如何参与购买产品？ • 通过何种渠道——线上、批发、零售……？ • 他们应该加入自有渠道或合作渠道吗？ • 谁是潜在的合作渠道？ • 他们如何帮助吸引我的客户？ **客户体验** 针对每位顾客/UVP，提出以下问题： • 我的顾客想如何了解我的产品/服务？ • 在采购、发货和售后环节，我的客户想如何与我互动？	**基础设施活动** • 直接激发产品或服务、生产和销售（如采购产品原料、制造和发货）的主要活动是什么？ • 与销售、产品和服务支持（如渠道开发、顾客关系管理）相关的次要活动是什么？ • 关键商业经营活动是什么（如法律、财务管理、行政管理）？ **资源要求** • 建立和维持基础设施需要什么人力资源？	• 定价——我的渠道和客户愿意支付多少？ • 盈利——我如何通过这些渠道创造收益？ • 我的产品生产成本是多少？ • 我的总利润是多少？ • 初创企业成本：创建营运体系的成本是多少？ • 营运支出和营运资本——行政、人员等的营运成本是多少？ • 我的品牌开发成本是多少？ • 我的利润率是多少？ • 我的资金消耗率是多少？ • 我需要多少融资？
路线图要点	成为一名客观企业家意味着你是主体，你不是你的企业。	创业是客观发现过程	√ 首先确定假设、偏好和预期。 √ 不带偏见地确切阐述要测试的假设。 √ 设计让客户直接参与的假设客观测试过程。 √ 从行动结果中学习，避免长远影响。 √ 不根据具体预期采取下一步行动。

们进行实际交流，结果是他们设计了完美的问题解决方案，但问题却并不存在。我观察到的另一个问题是，企业家在为某个特定目标客户确定问题解决方案的同时忽视了其他潜在目标客户。

例如，我曾经跟一个发明家一起共事。他在一次与家人出游露营时发现，母亲在喷洒驱蚊剂时总是难以喷到孩子身上，一阵风吹过来，驱蚊剂落到各处，就是不落在孩子身上。回到家后，他发明了一个类似棒球手套的驱蚊手套，妈妈们在用这种独特的手套时，可以先把驱蚊剂直接喷在手套上，然后，再均匀地涂抹在孩子皮肤上。他发现这个问题后，假设目标市场是带孩子进行户外运动的妈妈们。这是一个明显的目标客户，但是也有很多其他目标客户，因为结果发现有许多不同的人群喜欢这个产品。有些人喜欢用来擦拭家具，因此他需要探索家用零部件市场；还有些人喜欢用它来给车上蜡，这就意味着还存在着潜在的汽车零部件市场。后来，他发现养马的人还有一个很大痛点，他们很难往马身上喷洒驱蝇剂和其他美容产品，由此，还存在着马用美容配件市场。

我们学到了什么？今天的市场上充斥着许多产品，这些产品由不同的目标客户使用，传递着不同的价值主张。客观企业家必须退后一步，抵御某些自然倾向，避免误解产品的使用用途、忽视产品的使用用途及创建限制新思维方式的思维定式。当企业家确定了某个问题，思考解决问题的方案（如喷洒驱蚊剂问题）时，他就必须停下来，问自己，这个问题的核心价值主张是什么，即CVP是什么。CVP是你的产品所能提供的根本益处。在上述情况下，就是安全清洁地将某种液体涂在任何表面上，包括人类皮肤和其他表面。企业家一旦确定了CVP，就要开始进行头脑风暴，假设所有可以从中受益的潜在目标客户。如果这个天才的发明企业家做到了这一点，他就不会在开始时给其产品命名为驱蚊手套，因为实际上其功用远大于此。

一旦清楚地确定了CVP后，下一步就是开发最简可行产品（MVP）。史蒂夫·布兰克将其描述为："MVP是'低保真'产品，可同登录页面一样简单，负载着你的价值主张、利益简介，促使你了解更多、回答简短调查问卷或下单预定等；也可能是个带有页面创建工具或用PPt制作的快速网站模型。你只达到基本目标即可，即设计中没有讲究的用户界面（U/I）、没有徽标、没有动画。"

接下来的步骤是对MVP进行测试，要有尽量多的客户参与。如果你的MVP是个网站，你就可以测量转化率确定用户反应，但是一定要记住，确定的转化率要代表你某个案例的正反应，是20%还是50%？整个过程要想增加客观性的话，专家建议你要亲自采访客户和目标客户，越多越好。使用相同的MVP，同客户一起坐下来，看看他们的反应，由此获得第一手资料，可以提出一些开放式的问题，帮助你更多地了解客户和他们的需求。我的建议是，针对每一个要确定的假设，至少采访20个人，这样最后受访人数可能要达到100人，你的目的是了解实际情况，排除先入为主的想法和预期。

企业家要想发现商业模式中的价值主张和目标客户的话，就必须设计一个测试假设客观性的过程。以下是几点提示。

首先，制作一个要采访的20人潜在客户名单，从你认为最有可能进行CVP测试的客户／目标客户开始，问问自己在确定某个群体时是否存在偏好或偏见。你可能会假定某个目标更容易接近，更有可能提供评论和客户反馈，最有可能重复购买。采访前了解自己的假定和偏好会让你更加客观。你还必须知道我们都有想确定假定、假设和想法的自然倾向。我们大多数人都想做得对，因此想方设法避免承认自己错了。因为我们现在知道我们的预期会影响我们对观点的解读，我们有可能只听我们想听到的。例如，你可能还能听到和记录采访中的回应"是的，我猜测大概可以支付50美元，我会推荐给他人。”如果你发现自己太过关注采访结果，你就不能将采访作为一个发现过程，你可以跟关注过程的人一起进行采访，这不失为一个良策。

其次，制作一个你认为最不可能的客户或目标客户名单，他们不可能购买，不可能使用，不可能喜欢等等。运用当下客观性技术，采取与你的大脑告诉你的相反做法。如果你想将目标定在00后一代，那么为保险起见，也采访10个婴儿潮时出生的人。

最后，提出的问题要设计得让回答问题的人更容易说“否”，而不是“是”。这样的话，如果他们的回答是肯定的，就说明相对于消极来说，他们的回应更加积极。另外，可能情况下，提问的问题要具有开放性，这样你能够深切地体会客户的问题和痛点。

商业模式中价值主张和目标客户的结果输出能够反映出的目标客户比你最初预想的更多，驱蚊手套就是个例子。下一步是评估你的每个目标群体中有多少潜在客户，在这一阶段，UVP、CVP和目标客户都确定验证后，市场研究才有其作用。一个客观企业家一般要进行行业和市场分析才能开始评价机遇的质量。对于许多企业家来说，了解市场需求、行业和竞争远景往往令人望而却步，但是成功的企业家总是知道他们要从事的行业。企业家们经常想他们没有竞争对手，哪里都找不到他们这样的产品和服务。但事实绝非如此。要想保持客观，企业家必须明白总是会存在某种竞争。竞争也可能是来自直接竞争对手的对抗，也可能只是一种惰性，人们一般习惯于按照一种方法做事，抵制变化。企业家必须对行业进行深入分析，了解该行业目前运行情况，这样他/她可以决定如何有效竞争市场份额。以下列出的是企业家需要回答的问题，但不是所有问题。

1. 整个市场有多大，能够获得的潜在市场份额有多少？

2. 我已经确定的市场区隔有多大？

3. 我实际上能够获得的潜在客户有多少？

4. 该行业是新兴行业还是衰退行业？

5. 该行业的年同比增长率是多少？

6. 影响该行业的趋势是什么，有什么预兆？

7. 该行业是掌握在拥有绝大部分市场份额的少数人手里，还是被瓜分市场份额的许多公司分割？

8. 可替代产品是什么？

9. 该行业现有竞争对手的竞争性质如何？他们的对抗激烈吗？

10. 该行业中的利润是否存在巨大波动现象？

11. 竞争对手的竞争基础是什么？他们的竞争基础是价格、客服、便捷还是其他因素？

12. 该行业中领先企业的竞争战略是什么？

13. 该行业是否存在准入专利壁垒？

客观分析整个行业的经济和战略特性相对来讲比较容易，事实愈加清楚地摆在那里。如果企业家对这些事实的解读存在主观性的话，就会遇到麻烦。例如，如果某个行业的年同比增长率是10%的话，那么企业家就不能设想这个行业会按照同样比率继续增长。而且，如果10%是行业平均增长率，那么企业家就必须断定是否该行业中存在某些增长率超过或低于该比率的企业，以及出现这种差异的原因是什么。企业家必须持续不断地深入研究，了解驱动这一增长率的趋势是什么，企业家必须对该趋势是否持续或出现转折做出客观评估。在做出评估的同时，企业家还要意识到他/她可能会由于知识所限做出错误评估。对数据进行解读，对趋势进行预测，努力减少不确定因素，在这个创业活动中要求达到最高度的客观性。企业家面对这种评估时，典型的情况是他们会在两种方法中二选一。有些企业家因为背景与生活阅历的原因，会出现悲观情绪，看到的是空了一半的瓶子。悲观主义者常常想的是最糟糕的情况，并由此制定相应计划。相反，乐观主义者总是看到满了一半的瓶子，而为最好的情况制定计划。最有可能正确的是哪一种企业家？任何一种都是客观的吗？

客观性是指看到瓶子时不评判其是满还是空，既不像乐观主义者那样，也不像悲观主义者那样作评判。要保持客观的话，意味着在观察市场现状时，既不评判好也不评判坏，只是观察其本来面目。企业家在观察市场现状和潜在影响时，不为其贴上好与坏的标签，这样才能更加有效地接近市场。因为客观企业家们知道信息存在不完美之处，所以他们分析潜在的变量，对每种变量做出风险评估，然后下一步采取最适当的行动。

渠道和客户体验

下一步是发现如何接近你的目标客户、如何与他们交流以及与他们建立关系的最有效途径。具体地说，企业家必须决定如何让更多的客户了解和关注产品和服务，企业家必须发现用户友好和高效的客户产品购买过程，以及如何以最好方式将产品送到客户手中。最后，企业家必须从潜在客户的反馈中学会如何继续支持客户和如何与客户保持关系。

第一个考虑是，是创建或使用已有渠道还是使用合伙人渠道接触客户。自有渠道可以通过实体店、销售人员或网站直接到达客户。间接渠道包括批发、零售，或合伙人的销售组织和网站。尽管自有渠道比合伙人渠道能够获得更多的利润，但是建立这些渠道要花费更多的时间和资金。

要想客观地接近这一块块大厦积木，企业家首先必须关注客户的问题。遗憾的是，有些企业家在做决定时依据的仅仅是个人偏好，受自我驱动。有些企业家认为向别人展示他们已经建立了自己的销售渠道，如店铺、销售人员、网店等，是成功的标志。这种做法绝对是自我吹捧。一定要知道，外部评判和平衡企业成功与个人价值的认知扭曲思维定式经常在做类似决定时发挥作用，即使是微不足道的作用。你在改造这些思维定式的过程中，要为自己提供潜在客户购买行为趋势的新数据。记住，只有运用新知识和新信息才能挑战你的潜在假定和思维定式。你是否认为跟上客户购买行为的最新趋势比纯粹在网上挂上你的名字更能为你的产品表现带来影响呢？

这是个“网络超感知客户”时代。按照《企业家》杂志丹·纽曼的说法，“销售过程中，购买者在与一个公司建立密切关系之前有70%到90%会采取这一方式”。他们已经将你的产品与市场上其他产品做了比较，他们抽取了其他购买此产品买家的经验，确切地知道自己想要什么，应该支付多少等等。想想看，你最近买的哪件像样东西不是事先做好调研的？这对于你的客户争取策略意味着什么？

另一个是网上销售的多样化问题。企业家们猜想不到网络上销量最好的产品和店铺里销量最好的产品，两种情况都有可能。根据产品目录，有些网上客户喜欢在网店购买的购买体验，他们不希望有人参与其中。而另外一些客户喜欢先上网查看，然后再到实体店购买。尽管看起来网上购物一般都是些小额物件，但是像购房、购车以及高端科技产品等也在网上进行交易。你的假定是什么？有些企业家坚持认为，即使在这个点击鼠标购物的时代，寻找可以让人感到特别和受到尊重的方法依然是建立和保持客户关系的关键。

我最近在纽约主持了一个由时尚界企业家参加的培训班。我们探讨了分销渠道和驱动产品宣传及销售的社交媒体策略。萨曼莎，一位非常有天赋的珠宝企业家，分享了她的经验。她说她不是自己投资创办电商网站和展示空间，而是找了一个知名合作伙伴，使用他的网站、展示空间，并在顶级杂志和报纸上进行公关。这种捆绑式服务她可以负担得起。她客观，不在乎是否拥有自己的网站。到了第二年时，她重点在社交媒体上树立自己的品牌，只用了一年的时间，她就拥有了1.9万个脸书（Facebook）粉丝和1.2万个照片墙（Instagram）追随者。她说每次先在照片墙发新图，然后再关联到脸书上时，她都能立刻看到她合作伙伴网站上点击率直线上升的销售情况。因为她能够与目标客户间建立起可观测的稳固购买关系，她的品牌获得了主要零售商的关注。2014年她在“家居购物网站”设立了个站点。所以，了解你的目标客户很关键，要了解他们想要与你进行怎样的互动，他们想如何购物。

遗憾的是，许多企业家低估了基础销售渠道的重要性和客户关系，许多人仍然还有“如果我建起来，他们就会来”的思维定式。但是，在建起销售渠道前，你要揭开隐藏的思维定式和你可能存在的偏好。以下是一些提示：

1. 先从你的偏好开始，你想做什么。

（1）我喜欢采取何种方式接近客户？

（2）我喜欢以何种方式向客户出售？

2. 然后，思考一下你的假设，你的客户希望如何被接近，他们想如何购货。

这是关键的一步。如果你注意到你的假设倾向于以你的偏好为基础，那么你在跟客户交流时就要更加客观。记住，有意识地感知你的思维定式是走向客观的第一步。

3. 不要依赖你的最初假设和偏好，为你的每个客户群都创建一个渠道，并将可能创建的所有渠道都列下来。你不可以认为你的所有目标客户都用同一种方法与你互动。

对你的目标客户进行调研，发现他们去哪里、如何购买相似产品或服务。回想一下驱蚊手套的例子，如果家庭主妇经常去某个市场购买家用物件，那么问一下你自己，她们是如何在那个市场里发现新产品的。人们一般去哪里并且如何购买家用物件？他们去超市、药店、沃尔玛还是塔吉特？他们在网上购买这些物件，还是线上线下兼而有之？如果你的目标客户是养马和驯马的人，他们如何知晓给马使用的新产品？他们在哪里并且如何购买给马使用的美容产品？显然，对于同一款产品不同目标客户不会是用同一种方法找到或者购买。这些客户与使他们能购买到相似产品的卖家建立了何种联系？他们想跟你建立何种关系？他们使用社交媒体吗？他们在购买前在不同网站之间进行比较吗？你可以由此得出答案。

4. 一旦你确定了你的所有假设，就要对它们进行检验。在这一阶段，我建议你针对每个客户群至少要采访10个客户。

你一旦发现了针对每个客户群的最优分销渠道和客户关系，就可以开始推进你的市场战略和品牌战略，其中可以包括内容营销，如发表博客、上传视频、展开社交媒体宣传等，为客户创建产品参考。你还能够预测招揽客户和留住客户所需的开支，开始确定你的最高价值客户和渠道。

基础设施和资源

在这个过程中，到目前为止，大多数企业家都感觉良好，他们已经为清楚确定的客户找到了满足他们需要的解决方案，他们也了解了激发、吸引和支持这些客户的最好方法。这是取得的主要成绩。许多企业家将会发现，他们在这个过程中的许多假设经不起客观质疑的检验，他们不得不走向不同方向。他们围绕原来的轴心，要么重新修改方案，要么重新确定客户，甚至是找到了更加坚固、更加振奋的价值主张而取得成功。既然抵达了这一重要里程碑，那么下一步就是要确定你所需的资源和基础设施，将这一价值送达目标客户。

现在的焦点是确定和获得所需资源，建立初始操作。企业家的目标是建立基础设施，使公司将价值送达已确定和已验证的目标客户。企业家应该聚焦确定价值链以及刺激客户产生购买公司产品或服务的意愿所要求的具体活动。第一步是确定主要活动，这些活动与产品及服务直接相关。用来创造价值的实体资源如生产设施、设备、厂房、车辆等。企业家必须对如何获得或购买这些资源进行评估，采取直接形式，还是外包形式。大多数企业家采用外包形式为他们的企业获取主要生产功能，但是所犯的错误是只建立了单一来源。例如，某个男士护肤初创企业的企业家，他的最畅销产品中独特天然原料中的主要原料来源只有一个，当这唯一来源断货时，他就没有选择，只能推迟新客户的订单，延期交货，等到争取到其他来源后再来巩固其供应链。在建立实体基础设施过程中，建议企业家采纳外包加内部开发、借贷加购买的做法，并设法通过谈判达成有利付款条件，尽可能少用现金结账。

企业家一旦决定了如何创建产品后，下一步就是考虑促进产品销售和支持所需的基础设施或体系，其中包括商业模式中所确定的“渠道和客户体验”部分的关键活动。这里包括渠道开发，零售、批发、独有或共享网站、品牌管理，内容开发、内容管理、社交媒体平台，等等。

决定的下一个基础资源是人力资源，即将价值送达客户所需的团队，这也是商业模式中的关键部分。我们在前面说过，有些企业家在这个领域里总会遇到主观困扰。我们已经知道，许多企业家的思维定式驱使他们在任何事情上独断专行，他们经常认为他们拥有别人没有的技能。

要客观地处理好商业模式中的“基础设施和资源”部分，可以运用基础设施和资源要求简表。表中，步骤1，企业家将确定所要求的关键活动；步骤2，企业家将决定这些活动是在内部进行还是要寻求战略伙伴外包；步骤3和4，企业家必须确定他/她是否具备实施或管理这些活动所要求的技能，是否存在需要填补的空缺；步骤5，企业家决定是否需要雇工或分包填补空缺。图表中的模式以新兴礼服设计企业CEO在准备阶段的思考为例，可作为参考。

基础设施和资源要求表格

步骤1	步骤2	步骤3	步骤4	步骤5
活动	内部还是外包?	实施或管理所需的技能?	我有时间、技能吗?存在空缺吗?	雇工还是分包?
供应链管理:				
采购产品原料	内部	5-7年操作或供应链管理	部分,空缺	CEO的主要活动,然后雇工
生产	外包			
送货	外包			
品牌管理:				
内容开发、博客、视频	内部	3-5年品牌管理经验	没有,空缺	雇工
内容管理、社交媒体平台	内部	3-5年商业开发	没有,空缺	雇工
渠道开发:				
获取渠道:零售商、批发商、网站	内部	5-7年商业开发	有,无空缺	CEO主要活动
管理渠道关系	内部	5-7年合作开发和关系管理	有,无空缺	CEO主要活动
日常运行:				
行政管理	内部	3-5年小企业行政管理	没有,空缺	两项活动雇一人
客户关系管理、咨询、投诉	内部	3-5年客服经验	没有,空缺	

（续表）

步骤1	步骤2	步骤3	步骤4	步骤5
活动	内部还是外包？	实施或管理所需的技能？	我有时间、技能吗？存在空缺吗？	雇工还是分包？
财务管理： 建立收集财务数据的程序，财务报表开发，管理应付款和应收款	外包	5-10年该行业初创企业工作经验	没有，空缺	外包
财务报表分析和公司财务健康持续监控	内部	5-10年初创企业工作经验及早期阶段经营经验	没有，空缺	雇人 CEO主要活动
法律： 检查合作关系和外包合约 开发雇佣合约	外包	5-10年初创企业经营经验	没有，空缺	外包

财务活力与资本获取

既然企业家清楚地了解了发展组织基础设施所需的资源，那么接下来就要将注意力集中在经营中的经济问题上，保证企业的财务活力。这又是一个客观性既不可缺少又带来巨大挑战的领域。我见过无数企业家，他们初创企业时并不知道企业是否会盈利。许多企业家的思维定式是只要他们卖出的货足够多，他们最终就会赚钱。这不仅仅是盲目的乐观主义，坦白地说，有许多人，如果他们不去商学院学习，他们就不知道如何进行正确分析。我接触过许多企业家，他们有两三年的经营经验，可是他们不知道自己的总利润，甚至不明白度量单位，这种现象并不少见。问题是我们许多人的思维定式都是完美型、竞争型或者外部评判型，总倾向于避开我们生来就不擅长或不懂的事情。企业家必须克服这种主观倾向。要了解到财务管理并非可以逃避的事情，不懂财务报表也不是丢人的事情。现实中许多具有创造力的人，虽无财务头脑，却能设计创新方案解决实际问题。相反，有许多财务分析人士却不具备创新头脑。鉴于这一点非常重要，企业家必须安排团队中一个主要成员专门负责这项分析，帮助他们理解企业如何赚钱，即使他们连电子表格都不懂。许多企业家可能会将数据录入外包给代理记账员，使用QuickBooks软件或其他类似软件录入金融交易。这样做的话，企业家最终应该会明白那些数据的意义。

广义上说，企业家必须了解所采取的商业模式是否盈利。根本的问题是，要知道是否有足够的客户愿意购买你的产品或服务，他们的支出是否能够抵消你用来生产、送货或提供服务的成本，以及支付经常性开支，并且还有利润。企业家必须明白企业如何并且何时产生收益，在收支平衡点上保持运营需要多少资金。许多企业家认为，他们创办的企业能够在一两个月内产生收益，其实这种情况十分罕见。以下是为帮助企业家更客观地思考经营中的经济问题所提供的工具。

■ 定价

企业家在给其产品和服务定价时必须客观，因为存在较大风险。我见过许多企业家由于总是担心而身陷其中：如果他们不愿意支付足以让我赚钱的价格怎么办？如果我还得返回生产商，与其谈判降低生产成本，而生产商不愿意怎么办？我喜欢现在的包装，很衬托产品，如果要改换便宜点的包装怎么办？

出于显而易见的原因，似乎存在许多担忧。似乎在发现商业模式这一点上，已经不再关乎发现，而是只关乎赚钱。企业家在定价时总是提出各种假定，这是企业家的底线。与竞争对手比价降低自己产品价格，运用数学模型决定采取行动保持盈亏平衡，然后假设客户能够支付那个价位。做这些都不够，企业家必须依据其独特的价值主张决定其主要目标客户愿意为产品和服务支出多少。而且，做这个决定的唯一方法是多采访客户。有些企业家采用客户问卷调查方式获得各种定价方法的反馈，但是他们发现这种验证缺乏真实性。有时甚至调查本身也可能不够客观，因为人们所表示的对某一产品或服务所愿意支付的价格和实际购买时所支付的价格之间存在差距。现在值得庆幸的是，企业家喜欢与客户交流，而且很高兴针对MVP多采访客户。我们之前说到，首先要确定你的偏好、假定和预期，然后提出假设并对其进行测试。而且，你一旦知道了自己的思维定式，再设计你的定价测试问题就会更加客观。发展你的假设时，很重要的一点是，考虑到日常投入，如有竞争力的竞价策略，基于盈亏平衡点的数字定价模型。你还应该对之前MVP反馈中的优势和核心客户的经济状况进行评估。一旦你要对提出的合理假设进行测试，那么在你的目标客户中至少要多采访10个客户，给他们出示三个不同价位，从最高到最低排序，依次观察他们的反应。

■ 盈利

我们前面说过，了解商业模式的盈利状况是关键。企业家要想断定商业活力如何，就必须预测总利润，预测的依据是客户愿意支付的价格和生产产品所需的成本。总利润=总收入－卖出货物成本。企业家必须知道这个估价开始时可能产生误导，并非商业模式下长远财务活力的真实情况。我们面临的挑战是许多企业家开始创业时，需要生产一定数量的产品，而制造商对最小订货量设定了更高限制。我经常看到有些企业家为了生产其产品被迫支付大量附加费，大约有15%或者更多。如果他们有现金，则被迫按照最高限订购，结果是堆压大量存货。甚至可能耗尽财务资源，这取决于企业业务类型。解决此问题最客观的途径是培养不止一个制造来源，了解订购限量/成本降低，但是即使是这样，企业家也不能知道需求何时增加到使高限额订购处于合理区间。我的建议是根据货物最高成本计算总利润，如果企业看起来依然盈利，那么我认为它就有活力。

■ 初始支出

许多企业家倾向于低估企业运行后的实际支出。企业家必须重新看一下“基础设施和资源表格”，辨明主要活动和获取客户、产生收入所需的相关支出。有些企业家要求初始存货，有些企业家要求电商网站；有些企业家要求办公管理技术，还有些企业家要求其他设备。我们经常在巴布森提到的最主要一条是最后再考虑花现金。如果有机会获取资源而不需要现金的话，是最好的。企业家必须要节约，考虑清楚何时起步经营，关键是计划好每一个细节。再看一下那个“基础设施和资源表格”，真正理解每个资源的相应表述。例如，如果是外部供应商，就开始谈判支出和付款条款；如果是实体资源，那么要寻找至少两三个供应商通过谈判确定最优价格；如果是雇工，就要设法发现该行业的比较薪金，如果你负担不起他的合理薪金，就想想采取股票支付或其他激励形式，如根据其表现发放奖金等。无论是一次性采购，单位费用还是月费用，都通过谈判降到最低价位，然后开始建立初始运行支出电子表格。这里的关键是计算出运行你所发现的这个可形成规模的商业模式需要多少资金。

■ 运行支出和营运资本

这一点是关键。企业家必须知道在收支平衡点上维持企业所需的资金是多少。我们前面学过，客观性意味着处理“是什么”。估算运行资本需求时，企业家不知道需要多久才会产生收入，这对于初创企业来说难以获得达到收支平衡点平均时长的客观数据，因为存在的变量太多。最好的途径是聚焦你的资金消耗率，这是你的每月平均运行费用。还是那句话，再回到你的“基础设施和资源要求表格”中，设计维持运行每月所需费用的每一个细节，包括办公费用、工资薪金、市场营销等等。你一旦对自己的资金消耗率（每月运行费用）有所了解，你就能够计算出你的净利润，这是衡量财务活力的关键。从财务要求来看，鉴于你还不能预测，也不能真正知道何时能够谈判到最好的制造条款，何时能达到收支平衡，最重要的一条是，设想你需要特定期限达到你的资金消耗率，这要根据你的商业模式而定，那么你的财务要求，即你需要融资多少资金实现你的商业模式，就等于你的初始支出加上这段时间的运行费用总和。

有趣的是，2012年“美国全球创业监测”报告显示，超过“43%的美国人认为2012年是创业的好时机，56%的成人认为他们有能力开办企业，也有

1/3的人看到了机会，但是因为对未来的担心而受到了限制。”我希望我们能够抛开创业神话，一扫妨碍企业家的无效思维定式的阴霾，来消除这个限制。鉴于你已经具备了关于创业的新知识和客观管理方法，或许你能够更多地发现你是谁，你知道什么，你认识谁，由此可以发现可持续发展的机会，为你自己和他人创造价值。

|结　语|

一种战无不胜的力量

我希望你已经知道了你的大脑比你所能想象的更强大，你不再是你的思想情绪、你目前的状况或过去的受害者。每时每刻，作为主体，你能够知道你在想什么，有何感觉，你能够选择如何看待你所经历的一切以及对此做出的反应。你如何看待和体验世界取决于你的思维定式以及你对自己和世界根深蒂固的成见。由此，你的世界在你的大脑里！正如有些事情，如你的性别、肤色、父母等你无法选择一样，你同样也有能力创造自己的现实世界，即你对世界的感知、回应和体验。你不是通过扭曲的思维模式镜头观察世界并对世界做出反应，你能够提升观察事物本来面目的能力，从而创造更美好的生活。我们都具有这个能力。

你一旦开始了这个过程，确定了一个不再有效的思维定式，并且发现了它对你生活所造成的影响，你会感到很快乐。这个快乐来自于你已经意识到你不再通过那个镜头去生活，你有能力改变它。

学会客观思考是一个自我发现的旅程，是一个自我意识、每时每刻有意识地努力和自我反思的持续过程。所以，如果你想成为一个更加客观的思考者，一旦投入到这个过程，你就要庆祝每天所取得的点滴进步。你每次所做出的客观反应，都会给你的生活带来不同。例如，如果你在学习如何更加专注和用心，那么当每次开会走神自己能够意识到时，你都应该庆祝一下。即使一天内你只能增加5%的专注力，你也会惊奇于由此产生的专注和效力有多大。每次你选择不相信否定的想法，不允许它发展下去超出你的控制范围时，你就是在提高你的整体健康层次和生活质量；每次你决定不从自身出发看问题，而是关注正在做的事情时，你就会改善跟同事间的关系；每次别人说了你认为愚蠢的话，你要是不翻白眼，不妄加评论的话，你就是在培养更好的团队合作精神。更加客观的态度会在你生活的方方面面产出更加美好的结果。

相反，如果你发现庆祝了自己的进步之后，还是出现了过度反应，还是评判他人，而你觉得你不应该这样做，这时你也不要责怪自己。你在转变自己某个思维定式的过程中，一定要善待自己，这个绝对关键。要记住，你旧有的反应方式已经在大脑中形成硬链接，转变它需要时间、耐心和专注力。每次对自己失去耐心和对自己的反应感到失望时，你都是在进一步加强这个你正在努力解开的旧链接，你不能对你的大脑恼羞成怒，相反，你要跟它快乐相处。当你发现旧习难改时，一笑了之，承认这是大脑的自然倾向，你最终会如愿做出改变的。你是主体，你确实具有改变你大脑思维方式的能力！我们会对自己很苛刻，甚至是在学习让自己更加客观的过程中。不要粗暴对待自己，要把它看作是了解自身触发器的一次机会，这样下一次就可以避免做出类似反应了。要记住，疲惫、期限压力和其他压力都能使自己在那一刻失去客观能力。所以，知道自己疲惫和有压力时，一定要更加警惕，并有意识地感知自己的触发器，不要做出事后后悔的反应。庆祝自己持续做出的客观反应，对于非客观反应要从中吸取教训。

最后，不要低估自我信念的力量和由此对你生活造成的一切影响。尽管你每时每刻都在努力进行客观反应，但是你也必须对自己客观，即要看到真实的自己并接受自己。

你确实比你想象的要强大得多！你只是由于自我成见限制了自己。你是主体，如果你认为并且告诉自己不能做成某件事，那么你就限制了自己做成这件事的能力。这是个信念问题。我敦促你确定你对自己的潜在假定，面对挑战，创立新模式，帮助你达到你的最大潜能。正如希拉里·克林顿在2014年6月接受美国有线电视新闻网采访时所说："你如何看待自己，你对别人如何描述你自己确实影响你自己的表现，直至最终影响了真正的自己。"

我们都具有改变大脑思维、改变我们对世界体验的能力，从而达到我们的目标，最后，我们能够一起改变这个世界。我们对客观思考的需要从未如此明确，因为我们生而具有的主观性在全球范围里依然持续发挥作用。现在，想象一下，如果各行各业的人都学会了客观地看待一切，并对一切做出客观反应，那么这个世界将会变成什么样子呢？因为我们都是以某种我们不理解的方式相关相联，所以如果越来越多的人能够客观做出反应，生活更加幸福，人生更加成功的话，那么他们的正面影响将会有助于解决我们今天世界上的许多问题。

改变就从你开始吧，期盼你展开一次发现之旅，发觉客观看待事物的惊人力量。衷心祝愿你旅行愉快、收获多多！

学习的科学：如何学习得更好更快

ISBN 9787515341767
著者：〔美〕爱德华·D. 赫斯
定价：39.80元
出版社：中国青年出版社

- 用混合式学习颠覆思维方式，促进个人成为更优秀的学习者。
- 以员工为中心的学习系统，驱动组织，比未来的对手学得更好、更快。

如何高效学习？如何打造学习“机器”？

为什么学习需要个人或组织做出改变？学习流程最关键是什么？

如何掌握批判性思维工具？怎样作出正确决策？

学习系统是如何构建的？

本书阐述了通过学习以及构建学习型组织策略，打破反思性思维方式、僵化的心智模式以及较强的自我防卫系统，保持开放心态，采用批判性思维工具，强化创造力和专注力，成为真正优秀学习者的科学学习法。为个人、组织领导者提供关于学习、思考和决策的革命性指南。